여행영어
100일의 기적

여행영어 100일의 기적

지은이 문성현
펴낸이 임상진
펴낸곳 (주)넥서스

초판 1쇄 발행 2017년 6월 15일
초판 91쇄 발행 2023년 6월 20일

2판 1쇄 발행 2023년 8월 15일
2판 16쇄 발행 2024년 10월 10일

출판신고 1992년 4월 3일 제311-2002-2호
주소 10880 경기도 파주시 지목로 5
전화 (02)330-5500 팩스 (02)330-5555

ISBN 979-11-6683-598-8 13740

www.nexusbook.com

여행영어 100일의 기적

TRAVEL ★ 해외여행 준비 D-100 프로젝트 ★ ENGLISH

문성현 지음

넥서스

100일의
기적을 위한 다짐!

나 _____ 는
여행영어 100일의 기적으로
100일 뒤 반드시
영어 초보를 탈출할 것이다.

해외여행을 떠날 때마다 늘 가슴 한구석에 자리하고 있는 게 있습니다. 바로 부족한 영어 실력에 대한 부담감이 그것이죠. 그러나 이제는 더 이상 영어 때문에 걱정하지 않아도 됩니다. 여행자가 현지에서 사용하는 영어표현은 한정되어 있기 때문입니다. 식당을 이용하고, 물건을 구입하며 길 물어보기와 같이 여행을 할 때 필요한 표현은 대부분 사람들에게 일정한 패턴이 정해져 있습니다.

여행영어는 시험영어와는 달리 현지에서 실제로 활용하기 위하여 익혀야 하는 100% 실전 서바이벌 영어입니다. 여행영어만큼 실력 향상을 곧바로 피부로 느낄 수 있는 분야의 영어는 없다고 해도 과언이 아닙니다.

살면서 영어가 필요하지 않은 사람에게도 여행영어는 해외여행을 위해 꼭 챙겨가야만 하는 필수품입니다. 이제는 해외여행을 준비하실 때 여행영어도 꼭 함께 챙겨 가시기 바랍니다.

매년 해외에 나갈 때마다 영어 공부의 필요성을 느끼고 있다면 여행지에서 사용 빈도가 높은 표현들만 엄선해서 집중 연습하는 것이 가장 효과적인 방법입니다. 따라서 여행지에서 필요한, 오직 사용하기 위한 영어표현들만을 담았습니다.

〈여행영어 100일의 기적〉과 함께 멋진 해외여행을 준비하세요. 평생을 함께할 후회하지 않을 선택이 될 것입니다. 하루에 10개 정도의 표현을 100일 동안 훈련하여 평생 즐거운 해외여행의 동반자가 될 수 있는 능력을 갖출 수 있도록 심혈을 기울여 구성하였습니다.

인생은 무언가를 찾아 떠나는 여행이라고 합니다. 일상을 떠나 새로운 세상을 접할 때마다 여러분의 영어 실력이 긴 여정에 든든한 조력자가 되기를 바라는 마음으로 이 책을 드립니다.

저자 문성현

100가지 상황별 표현

여행을 준비하면서 또는 여행지에서 만날 수 있는 100가지 상황별 표현들을 익힙니다.
여행지의 상황을 머릿속으로 그려 보면서 하고 싶은 말들을 체크해 보세요.

여행영어의 포인트를 잡는 데 도움이 되는 저자 해설강의도 들어 보세요.
MP3 듣고 원어민 발음 체크는 필수!

여행지에서 원어민과 말하게 되는 상황의 대화문입니다.
나라면 어떻게 대답할지 미리 연습해 보세요.

단어만 바꿔 넣으면 보다
다양한 표현들을 말할 수 있습니다.

여행영어 필수단어

각 파트의 앞부분에는 먼저 여행지에서 꼭 필요한 단어들을 정리해 두었습니다.
급할 때는 문장이 아닌 단어만 말해도 뜻이 통할 때가 있죠. 여기 필수단어만큼은 꼭~ 외워 주세요.

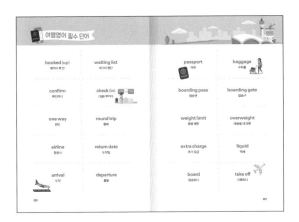

여행 도우미 꿀팁

여행에 도움을 주는 유용한 정보와 표현들도 확인해 보세요.

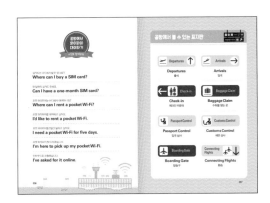

- 입국신고서, 세관신고서 작성 방법
- 공항에서 와이파이 대여하기
- 공항에서 볼 수 있는 표지판
- 날짜, 시간, 전화번호 말하는 법
- 쇼핑 매장
- 여행지에서 많이 사는 물건
- 길 묻기 필수 표현
- 여행지 대표 음식
- 커피 주문하기
- 커피 종류

MP3 & 저자 해설강의 듣는 방법

QR코드 이용

휴대폰에서 QR코드 리더기로 아래 QR코드를 인식하면
이 책의 MP3와 해설강의를 한 번에 들을 수 있는 페이지가 나옵니다.

MP3 + 강의

팟빵 팟캐스트 이용

저자 해설강의는 팟빵 팟캐스트에서도 들을 수 있습니다.
컴퓨터나 휴대폰으로 www.podbbang.com에 접속하여 도서명을 검색하세요.

넥서스 홈페이지 이용

컴퓨터로 www.nexusbook.com에 접속하면 압축된 MP3 파일을 한 번에 다운받을 수 있습니다.

네이버 오디오 클립 이용

휴대폰에 네이버 오디오 클립 어플을 설치하면 저자 강의를 직접 들을 수 있습니다.
오디오 클립 어플에서 도서명을 검색하세요.

여행영어 D-100 체크 리스트

PART 1

출국 준비

booked (up)
예약이 꽉 찬

waiting list
대기자 명단

confirm
확인하다

check (in)
(짐을) 부치다

one way
편도

round trip
왕복

airline
항공사

return date
도착일

arrival
도착

departure
출발

passport
여권

baggage
수하물

boarding pass
탑승권

boarding gate
탑승구

weight limit
중량 제한

overweight
(중량을) 초과한

extra charge
추가 요금

liquid
액체

board
탑승하다

take off
이륙하다

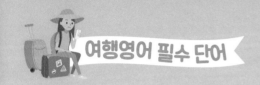
first class
일등석

business class
비즈니스석

economy class
일반석

carry-on bag
휴대용 가방

window seat
창가 좌석

aisle seat
통로 좌석

fill out
작성하다

borrow
빌리다

snack
간식

tray table
접이식 테이블

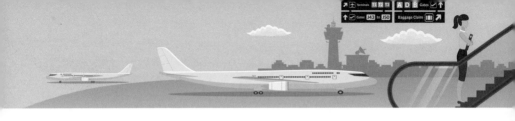

personal belongings
개인 소지품

declare
신고하다

be delayed
연착되다

transfer
환승하다

baggage cart
수하물 카트

currency exchange
환전

large bill
고액권

small bill
소액권

pocket Wi-Fi
포켓 와이파이

SIM card
심카드

Do you have any seats available?
이용 가능한 좌석이 있나요?

I'm afraid all flights are fully booked.
죄송하게도 좌석이 다 예약되었어요.

여보세요. 유나이티드 항공이죠?
Hello. Is this United Airlines?

LA행 항공편을 예약하고 싶어요.
I'd like to book a flight to LA.

런던행 비행기를 예약하고 싶어요.
I want to reserve a flight to London.

이용 가능한 좌석이 있나요?
Are there any seats available?

LA행 항공권은 얼마인가요?
How much is a ticket to LA?

금요일에 좌석 남은 게 있나요?
Are there any seats left for Friday?

시드니행 직항 항공편이 있습니까?
Do you have a direct flight to Sydney?

그 항공편은 예약이 끝났습니다.
That flight is fully booked.

죄송하지만, 그 항공편은 예약이 다 찼습니다.
I'm sorry, but that flight is booked up.

7월에는 이미 자리가 다 찼습니다.
All seats are booked for July.

예약 대기를 할 수 있나요?
Can I go standby?

대기자 명단에 올려 주실래요?
Can you put me on the waiting list?

🗣️ 언제 출발하세요?
When are you leaving?

🗣️ 언제 출발하실 예정인가요?
When are you planning to leave?

🗣️ 언제 출발하고 싶으신가요?
When would you like to depart?

돌아오는 날이 며칠이죠?
What's your return date?

언제 돌아오실 건가요?
When will you return?

언제 돌아오고 싶으신가요?
When would you like to return?

며칠에 돌아올 예정이세요?
What day will you be returning?

돌아올 날짜는 7월 24일입니다.
My return date is July 24th.

출발 시간은 몇 시인가요?
What's the departure time?

도착 시간은 몇 시인가요?
What's the arrival time?

항공기는 현지 시간 오전 10시 30분에 도착합니다.
Your flight will arrive at 10:30 a.m. local time.

혼자 여행하시나요?
Are you traveling alone?

아뇨, 가족과 함께 여행하고 있습니다.
No, I'm traveling with my family.

좌석 등급은 어떤 걸로 하시겠어요?
Which class would you like?

일반석으로 부탁합니다.
Economy class, please.

Tip	일반석	economy class
	비즈니스석	business class
	일등석	first class

비즈니스석으로 부탁합니다.
Business class, please.

일등석으로 부탁합니다.
First class, please.

편도로 주세요.
One way, please.

Tip 편도 one way
왕복 round trip

비행기를 갈아타야 하나요?
Do I have to change planes?

시카고에서 갈아타셔야 합니다.
You'll have to change planes in Chicago.

직항편이 있나요?
Is there a non-stop flight?

Tip 직항 non-stop
경유 layover

경유지가 있나요?
Is there a layover?

시카고를 경유하시게 됩니다.
You have a layover in Chicago.

경유지 대기 시간은 얼마나 되나요?
How long is the layover?

뉴욕에서 한 시간 기다리셔야 합니다.
You need to wait for 1 hour in New York.

티켓 변경

MP3와 해설강의를
들어보세요

> I'd like to confirm my reservation.
> 항공권 예약을 확인하고 싶어요.

> What's your reservation number?
> 예약 번호가 어떻게 되나요?

항공 예약을 재확인하고 싶어요.
I'd like to reconfirm my flight.

예약을 변경하고 싶습니다.
I'd like to change my reservation.

예약을 취소하고 싶습니다.
I'd like to cancel my reservation.

항공편을 취소하려고 전화했습니다.
I'm calling to cancel my flight.

성함과 비행편을 말씀해 주시겠어요?
May I have your name and flight number?

항공편 날짜를 바꿀 수 있나요?
Can I change the date for my flight?

비행기 시간을 변경하고 싶습니다.
I'd like to reschedule my flight.

날짜를 5월 18일로 변경하고 싶어요.
I'd like to change it to May 18th.

더 이른 항공편으로 바꿀 수 있을까요?
Can I change to an earlier flight?

하루 늦게 출발하고 싶습니다.
I'd like to leave one day later.

목적지를 변경하려고 전화했습니다.
I'm calling to change my destination.

예약 번호를 알고 계십니까?
Do you know your reservation number?

항공기 예약이 확인되었습니다.
Your flight is confirmed.

> **Check in, please.**
> 체크인하려고 하는데요.

> **May I have your e-ticket and passport?**
> 전자항공권과 여권을 보여 주시겠습니까?

대한항공 체크인 카운터가 어디인가요?
Where is the check-in counter for Korean Airlines?

이쪽으로 쭉 가세요.
Go down this way.

7번 게이트 근처에 있습니다.
It's near the gate 7.

인터넷으로 항공권을 예약했습니다.
I have booked my flight online.

창가 쪽과 통로 쪽 좌석 중에 어떤 것을 드릴까요?
Do you want a window seat or an aisle seat?

창가 쪽 좌석 주세요.
Window seat, please.

Tip 창가 쪽 좌석	window seat
통로 쪽 좌석	aisle seat
중간 좌석	middle seat

통로 쪽 좌석 주세요.
Aisle seat, please.

선호하시는 좌석이 있으세요?
Do you have a seating preference?

앞쪽 좌석이면 좋겠어요.
I'd like to sit in the front.

비상구 옆 좌석에 앉을 수 있을까요?
Can I have a seat next to the emergency exit?

나란히 붙어 있는 좌석으로 주세요.
I'd like two seats next to each other.

일행과 함께 앉고 싶어요.
I'd like to sit with my company.

수하물 부치기

MP3와 해설강의를
들어보세요

> **Do you have any baggage to check?**
> 부치실 가방 있으신가요?

> **Yes, I have 2 suitcases.**
> 네, 짐 가방 두 개요.

가방을 몇 개 부치실 건가요?
How many bags will you check?

가방을 몇 개까지 부칠 수 있나요?
How many bags can I check in?

짐을 저울 위에 올려 주세요.
Please put your baggage on the scale.

가방을 저울에 올려 주세요.
Please place your bag on the scale.

다른 짐도 있으신가요?
Do you have any other baggage?

이건 휴대할 가방입니다.
This is a carry-on bag.

이것을 기내에 가져가도 되나요?
Can I carry this on board?

이걸 기내로 가져갈 수 있나요?
Can I take this on the plane?

가방 무게가 1kg을 초과했네요.
Your baggage is 1 kg overweight.

추가 요금을 내셔야 합니다.
You have to pay an extra charge.

추가 요금이 얼마인가요?
How much is the extra charge?

무게 제한이 얼마죠?
What's the weight limit?

수하물 허용치는 어떻게 되죠?
What's the baggage allowance?

보안 검색

MP3와 해설강의를
들어보세요

🔊 주머니를 비워 주세요.
Please empty your pockets.

🔊 소지품을 모두 꺼내 주세요.
Please take out all your belongings.

🔊 금속 탐지기를 통과해 주세요.
Please walk through the metal detector.

전신 스캐너를 지나가 주세요.
Please walk through the body scanner.

다시 통과해 주세요.
Please walk through again.

신발과 벨트를 벗어 주세요.
Please take off your shoes and belt.

가방에서 모든 액체류를 빼 주세요.
Remove all liquids from your bag.

양팔을 벌려 주세요.
Please spread your arms.

뒤로 물러서 주십시오.
Step back, please.

저를 좀 따라 오시겠어요?
Can you come with me, please?

가방을 살펴봐도 되겠습니까?
May I search your bag?

이것은 기내 반입이 안 됩니다.
You can't take this on the plane.

그건 버리셔야 합니다.
You have to throw it away.

몇 번 탑승구인가요?
What's the gate number?

17번 탑승구로 가십시오.
Please go to gate 17.

28번 탑승구가 어디인가요?
Where is gate 28?

파리행 탑승구 맞나요?
Is this the gate to Paris?

10분 후에 탑승을 시작합니다.
We will begin boarding in 10 minutes.

비행기가 왜 연착되었나요?
Why is the flight delayed?

왜 탑승이 늦어지고 있나요?
Why is boarding delayed?

서울행 비행기를 놓쳤어요.
I missed my flight to Seoul.

안됐군요. 스케줄을 변경해 드릴까요?
I'm sorry. Do you need to reschedule?

다음 비행기는 언제 있나요?
When is the next flight?

다음 비행기 탑승할 수 있나요?
Can I take the next flight?

다른 항공편이 있나요?
Are there any other flights available?

착석 준비

MP3와 해설강의를
들어보세요

> **Excuse me.**
> **I think this is my seat.**
> 실례합니다. 여기 제 자리 같은데요.

> **Sorry. Can you**
> **change your seat with me?**
> 죄송한데 저와 자리 좀 바꿔 주실 수 있나요?

좌석 좀 확인해 주세요.
Please check my seat.

탑승권을 보여 주시겠어요?
May I see your boarding pass?

통로를 따라 쭉 가세요.
Walk down the aisle.

저기 창가 쪽 좌석입니다.
It's over there by the window.

저기 통로 쪽 좌석입니다.
It's over there on the aisle.

좀 지나가도 될까요?
May I go through?

지나가도 될까요?
May I get by?

제 친구와 함께 앉고 싶은데요.
I'd like to sit together with my friend.

저와 자리 좀 바꿔 주실 수 있나요?
Do you mind changing seats with me?

네, 그러시죠.
No, I don't mind.

좌석을 앞으로 당겨 주세요.
Please move your seat forward.

의자 좀 올려 주십시오.
Please put your seat up.

의자를 똑바로 세워 주시기 바랍니다.
Return your seat to the upright position.

🔊 좌석벨트를 착용해 주십시오.
Please fasten your seat belt.

🔊 좌석벨트를 착용해 주십시오.
Please put your seat belt on.

🔊 접이식 테이블을 접어 주세요.
Please put up your tray table.

🔊 가방을 좌석 밑으로 넣어 주십시오.
Keep your bag under your seat.

🔊 노트북을 꺼 주세요.
Please turn off your laptop.

🔊 잠시 후에 이륙합니다.
We'll be taking off shortly.

🔊 잠시 후에 착륙합니다.
We'll be landing soon.

🔊 지금은 전자기기를 사용하시면 안 됩니다.
You are not allowed to use electronics right now.

좌석을 뒤로 젖혀도 되나요?
Can I recline my seat?

좌석을 좀 눕혀도 될까요?
May I put my seat back?

자리를 바꿔도 되나요?
Can I change my seat?

저기 빈자리로 옮기고 싶어요.
I'd like to move to an empty seat over there.

DAY 011

식음료 주문

MP3와 해설강의를
들어보세요

> **Would you like something to drink?**
> 마실 것 좀 드릴까요?

> **Orange juice, please.**
> 오렌지 주스 주세요.

🎧 음료는 뭐로 드릴까요?

What would you like to drink?

커피 좀 주세요.

I'd like some coffee, please.

Tip	커피	coffee	사이다	Sprite	와인	wine
	오렌지주스	orange juice	녹차	green tea	위스키	whisky
	콜라	Coke	맥주	beer	물	water

물 좀 주시겠어요?
Can I have some water?

간식 좀 드릴까요?
Would you like some snacks?

식사 시간에 깨워 주세요.
Wake me up at mealtime.

소고기와 닭고기 중 어떤 걸로 드릴까요?
Would you like beef or chicken?

소고기 주세요.
Beef, please.

Tip 닭고기 chicken
생선 fish
특별식 special meal

접이식 테이블을 내려 주세요.
Please put down your tray table.

지금은 먹고 싶지 않아요.
I don't feel like eating now.

저는 안 먹겠습니다.
I'd like to skip the meal.

식사 다 끝냈습니다.
I'm done with my meal.

테이블 좀 치워 주세요.
Clear the table, please.

DAY 012
기내 서비스

MP3와 해설강의를
들어보세요

Can I have a blanket, please?
담요 좀 갖다 주실래요?

Sure, I'll be right back.
네, 바로 갖다 드릴게요.

베개 좀 주시겠어요?
Can I have a pillow?

담요 한 장 더 주실래요?
Can I have one more blanket?

Tip						
베개	pillow	수면 안대	sleeping mask	신문	newspaper
목베개	neck pillow	귀마개	earplug	잡지	magazine
담요	blanket	슬리퍼	slippers	펜	pen
헤드폰	headset	화장지	tissue		

헤드폰 좀 주시겠어요?

Can I have a headset?

헤드폰이 안 되는데요.

My headset is not working.

수면용 안대 좀 받을 수 있나요?

Can I get a sleeping mask?

비행기 멀미약 있나요?

Do you have pills for airsickness?

이 입국신고서를 작성해 주세요.

Please fill out this entry card.

이 신고서를 어떻게 작성하나요?

How do I fill out this form?

이거 쓰는 것 좀 도와주실래요?

Can you help me fill this out?

펜 좀 빌릴 수 있을까요?

Can I borrow your pen?

입국신고서 한 장 더 주시겠어요?

Can I have another disembarkation card?

면세품을 구입할 수 있나요?

Can I buy duty-free items?

입국신고서 작성 방법 (영국)

영문 대문자로 적는다.

일(Day)/월(Month)/년(Year)의 순으로 쓴다.

남자는 M(male), 여자는 F(female)에 체크한다.

회사원
BUSINESSMAN
OFFICE WORKER
학생
STUDENT
주부
HOUSEWIFE

호텔명을 적으면 된다.

3박4일 일정이라면 '4 DAYS'

항공권에 나와 있는 것을 보고 적으면 된다.

여권의 서명과 동일하게 한다.

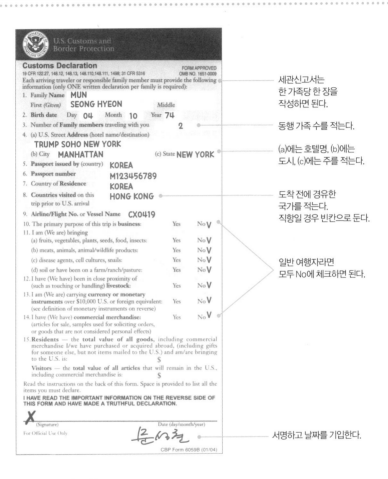

세관신고서는
한 가족당 한 장을
작성하면 된다.

동행 가족 수를 적는다.

(a)에는 호텔명, (b)에는
도시, (c)에는 주를 적는다.

도착 전에 경유한
국가를 적는다.
직항일 경우 빈칸으로 둔다.

일반 여행자라면
모두 No에 체크하면 된다.

서명하고 날짜를 기입한다.

10. 이번 여행의 일차적 목적은 사업임
11. 본인(우리)은 다음의 것을 휴대하고 있음
   (a) 과일, 식물, 식품, 곤충   (b) 육류, 동물, 동물/야생생물 제품
   (c) 병원체, 세포 배양물, 달팽이   (d) 흙 또는 농장/목장/목초지를 다녀왔음
12. 본인(우리)은 가축과 가까이 지냈음(만지거나 다루는 등)
13. 본인(우리)은 미화 1만 달러 이상 또는 그에 상당한 외화금액의 통화 또는 금전적 수단을 소지하고 있음
   (뒷면의 금전적 수단의 정의를 참조 바람)
14. 본인(우리)은 상업용 물품(판매할 상품, 주문을 청하기 위해 사용하는 견본, 또는 개인용품으로 간주되지 않는 물건들)을 가지고 있음
15. **거주자** – 본인(우리)이 해외에서 구입 또는 취득하여, 미국으로 가지고 오는 상업용 물품을 포함한 모든 제화
   (다른 사람에게 줄 선물을 포함하되, 미국으로 우송한 물건은 제외함)의 총가액은?
   방문자 – 상업용 물품을 포함하여 미국에 남아 있을 모든 물건의 총가액은?

비행기 환승

MP3와 해설강의를
들어보세요

I missed my connecting flight.
갈아탈 비행기를 놓쳤어요.

I'll check if we have another flight.
다른 비행편이 있는지 알아봐 드릴게요.

저는 시카고행 환승객입니다.
I'm a transit passenger for Chicago.

환승 수속대는 어디인가요?
Where is the transfer counter?

항공기 번호가 어떻게 되세요?
What is your flight number?

제 편명은 KE023입니다.
My flight number is KE023.

항공기를 갈아타야 합니다.
I have to take a connecting flight.

몇 번 탑승구로 가야 하죠?
Which gate should I go to?

샌프란시스코에서 경유합니다.
I have a stopover in San Francisco.

체류 시간이 얼마나 되나요?
How long is the layover?

시간이 얼마나 여유가 있죠?
How much time do I get?

시드니행 다음 비행편은 언제 있나요?
When is the next flight to Sydney?

다음 비행기는 9시 30분에 있습니다.
The next flight is at 9:30.

다음 편으로 예약해 드리겠습니다.
We can book you on the next flight.

다음 편에 탑승시켜 드리겠습니다.
We'll get you on the next flight.

🗣 여권 좀 보여 주시겠습니까?

May I see your passport, please?

🗣 여권을 주십시오.

Your passport, please.

🗣 무슨 목적으로 방문하셨나요?

What's the purpose of your visit?

관광하러 왔습니다.
I'm here for sightseeing.

Tip 관광	sightseeing	휴가	vacation	회의	conference
사업	business	신혼여행	honeymoon	워크숍	workshop

사업차 왔습니다.
I'm here for business.

휴가차 왔습니다.
I'm here on vacation.

저희는 신혼여행 왔습니다.
We're on our honeymoon.

공부하러 왔습니다.
I'm here to study.

친구를 만나러 왔습니다.
I'm here to visit my friend.

친척들을 방문하러 왔습니다.
I'm here to visit my relatives.

돌아가실 표는 갖고 계십니까?
Do you have a return ticket?

네, 여기 있어요.
Yes, here it is.

입국 심사 II

MP3와 해설강의를
들어보세요

How long will you be staying?
얼마 동안 머무실 겁니까?

I'm staying for a week.
일주일간 체류할 겁니다.

얼마나 머무르실 겁니까?
How long will you stay?

얼마나 체류하실 겁니까?
How long are you staying?

일주일 정도요.
For about a week.

Tip		
이틀	two days	
사흘	three days	
한달	a month	

약 5일 동안 머물 겁니다.
I'll stay for about five days.

어디에 머물 예정입니까?
Where are you going to stay?

어디에 묵으실 겁니까?
Where will you be staying?

친구 집에 있을 겁니다.
I will stay at my friend's place.

친척 집에 머무를 겁니다.
I'm staying with my relatives.

힐튼 호텔에 머물 겁니다.
I'll stay at the Hilton Hotel.

전에 캐나다에 온 적이 있으신가요?
Have you ever been to Canada before?

아니요, 처음입니다.
No, this is my first time.

> **Tip** 처음 first
> 두 번째 second
> 세 번째 third

처음 방문이신가요?
Is this your first visit?

아니요, 두 번째입니다.
No, this is my second trip.

수하물은 어디서 찾나요?
Where can I get my baggage?

제 수하물은 어디에서 찾나요?
Where can I pick up my baggage?

수하물 찾는 곳이 어디죠?
Where is the baggage claim area?

카트는 어디에서 가져오나요?
Where can I get a baggage cart?

저기 짐이 나오네요.
I can see it coming.

가방 드는 것 좀 도와주시겠어요?
Can you help me with my bags?

제 짐이 아직 나오지 않았어요.
My baggage hasn't come out yet.

제 짐을 잃어버린 것 같아요.
I think my baggage is missing.

짐을 어디서도 찾을 수가 없어요.
I can't find my baggage anywhere.

짐 찾는 것 좀 도와주실래요?
Can you help me find my baggage?

여기 수하물 영수증입니다.
Here is my baggage claim ticket.

이게 수하물 표입니다.
Here is my claim tag.

제 짐이 손상되었어요.
My baggage is damaged.

DAY 017
세관 신고

MP3와 해설강의을
들어보세요

Do you have anything to declare?
신고하실 물건이 있나요?

Yes, I have one bottle of whiskey.
네, 위스키 한 병이 있어요.

신고하려면 어디로 가야 하나요?
Where should I go to declare?

신고할 물건이 있습니다.
I have something to declare.

아뇨, 신고할 게 없습니다.
No, I have nothing to declare.

시계를 신고하고 싶어요.

I want to declare my watch.

가방에 무엇이 들어 있나요?

What do you have in your bag?

가방 안에 무엇이 있나요?

What's in this bag?

제 개인용품입니다.

My personal belongings.

가방을 확인해도 될까요?

Can I check your bag, please?

이건 뭔가요?

What's this for?

친구에게 줄 선물입니다.

This is a gift for my friend.

이번에 산 게 아니에요.

I didn't buy it this time.

이건 관세 부과 대상입니다.

You have to pay duty on this.

얼마나 내야 하나요?

How much do I have to pay?

환전하기

MP3와 해설강의를
들어보세요

To US dollars, please.
미국 달러로 바꿔 주세요.

How much would you like to change?
얼마나 환전해 드릴까요?

어디에서 환전할 수 있나요?
Where can I exchange money?

환전소가 어디에 있나요?
Where is the currency exchange office?

이걸 유로로 환전하고 싶어요.
I'd like to exchange this for Euros.

이걸 미국 달러로 환전할 수 있나요?
Can you change this into US dollars?

이 지폐를 동전으로 바꿔 주실래요?
Could you change this bill into coins?

어떻게 교환해 드릴까요?
How would you like your money?

고액권으로 주세요.
In large bills, please.

Tip 고액권 large bills
소액권 small bills

100달러와 20달러짜리로 주세요.
In hundreds and twenties, please.

10달러짜리로 주세요.
In ten dollars, please.

10달러와 20달러짜리를 섞어 주세요.
Tens and twenties, please.

잔돈도 좀 섞어 주세요.
I'd like some change, please.

이 지폐를 잔돈으로 바꿔 주실래요?
Can I get change for this bill?

수수료는 얼마인가요?
How much is the commission?

심카드는 어디에서 살 수 있나요?
Where can I buy a SIM card?

한 달짜리 심카드 주세요.
Can I have a one-month SIM card?

포켓 와이파이는 어디에서 대여하나요?
Where can I rent a pocket Wi-Fi?

포켓 와이파이를 대여하고 싶어요.
I'd like to rent a pocket Wi-Fi.

포켓 와이파이를 5일간 빌리고 싶어요.
I need a pocket Wi-Fi for five days.

포켓 와이파이 찾으러 왔습니다.
I'm here to pick up my pocket Wi-Fi.

인터넷으로 신청했습니다.
I've asked for it online.

공항에서 볼 수 있는 표지판

 Departures ↑

Departures
출국

 Arrivals →

Arrivals
입국

Check-in
체크인 카운터

 Baggage Claim

Baggage Claim
수하물 찾는 곳

 Passport Control

Passport Control
입국 심사

Customs Control

Customs Control
세관 심사

 Boarding Gate

Boarding Gate
탑승구

Connecting Flights

Connecting Flights
환승

PART 2

교통 이용하기

ticket office
매표소

fare
교통 요금

bus stop
버스 정류장

downtown
시내로

taxi stand
택시 승강장

hurry
서두르다

drop off
내려 주다
(= let out)

change
거스름돈

subway station
지하철역

line
노선

bound for
~행의

transfer
환승하다

one-way ticket
편도표

round-trip ticket
왕복표

one-day pass
1일 이용권

platform
승강장

rental fee
대여료
(= rental rate)

insurance
보험

GPS navigation
내비게이션

deposit
보증금

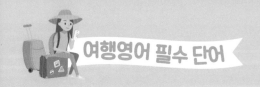

compact car
소형차

mid-size car
중형차

convertible
오픈카

return
반납하다

parking lot
주차장

parking fee
주차 요금

gas
휘발유

gas station
주유소

fill up
(기름을) 채우다

move up
(차를) 앞으로 빼다

back up
(차를) 뒤로 빼다

start the engine
시동을 걸다

estimate
견적서

traffic accident
자동차 사고

fender bender
가벼운 접촉사고

rear-end
뒤를 받다

head-on collision
정면충돌

speed
과속하다

red light
빨간불

flat tire
타이어 펑크

DAY 019
버스 정보

MP3와 해설강의를
들어보세요

> **Which bus goes to Hyde Park?**
> 몇 번 버스가 하이드 파크로 가나요?

> **Take the bus number 2 eastbound.**
> 동쪽 방향으로 가는 2번 버스를 타세요.

버스 정류장이 어디에 있나요?
Where is the bus stop?

이 근처에 버스 정류장이 있나요?
Is there a bus stop around here?

가장 가까운 버스 정류장이 어딘가요?
Where is the nearest bus stop?

표는 어디서 살 수 있나요?
Where can I get a ticket?

매표소는 어디에 있나요?
Where is the ticket office?

시청 가는 버스는 어디서 탈 수 있나요?
Where can I catch a bus to City Hall?

시청으로 가려면 몇 번 버스를 타야 하나요?
Which bus should I take to go to City Hall?

몇 번 버스가 시내에 가나요?
Which bus goes downtown?

시내로 가는 버스가 있나요?
Is there a bus going downtown?

7번 버스를 타시면 돼요.
You can take the bus number 7.

2번 버스가 그곳으로 갑니다.
The number 2 bus will get you there.

여기서 몇 정거장인가요?
How many stops from here?

버스가 왜 이렇게 안 오죠?
What's keeping the bus?

버스표 구입

MP3와 해설강의를
들어보세요

시청행 표 한 장 주세요.
A ticket to City Hall, please.

암스테르담행 표 한 장 주세요.
I'd like a ticket to Amsterdam.

가장 빨리 출발하는 표로 주세요.
Give me the earliest ticket.

버스가 몇 시에 출발하나요?
What time does the bus leave?

다음 버스는 언제 있나요?
When is the next bus?

Tip 다음 버스 next bus
마지막 버스 last bus

시카고행 다음 버스가 언제 있죠?
When is the next bus to Chicago?

요금이 얼마죠?
What's the fare, please?

뉴욕까지 요금이 얼마인가요?
How much is the fare to New York?

얼마나 걸리나요?
How long is the ride?

도착하기까지 시간이 얼마나 걸리나요?
How long does it take to get there?

버스를 갈아타야 하나요?
Do I have to change buses?

다른 버스로 갈아타야 해요.
You should transfer to another bus.

어떤 버스로 갈아타야 되나요?
Which bus should I transfer to?

> **Yes, I'll let you know when we get there.**
> 네, 도착하면 알려 드릴게요.

> **Can you tell me where to get off?**
> 어디에서 내려야 할지 알려 주실래요?

미술관 행인가요?
To the art museum?

하이드 파크 갑니까?
Do you go to Hyde Park?

킹 스트리트 가는 버스 맞나요?
Is this the right bus for King Street?

월 스트리트는 몇 정거장 남았나요?
How many stops to Wall Street?

시청 가려면 어디서 내려야 하나요?
Where should I get off for City Hall?

다음 정류장은 어디죠?
What is the next stop?

어디에서 내려야 하나요?
Where should I get off?

도착하면 알려 주실래요?
Can you tell me when we get there?

여기서 내리세요.
You should get off here.

이번에 내리면 되나요?
Is this where I should get off?

다음 정류장에서 내릴게요.
I'll get off at the next stop.

내릴 정류장을 놓쳤어요.
I missed my stop.

버스를 잘못 탔어요.
I got on the wrong bus.

택시 타기

MP3와 해설강의를
들어보세요

Where to, sir?
어디로 모실까요?

**Take me to
this address, please.**
이 주소로 데려다 주세요.

어디서 택시를 탈 수 있나요?
Where can I get a taxi?

트렁크 좀 열어 주세요.
Open the trunk, please.

이 가방을 트렁크에 넣어 주실래요?
Can you put this bag in the trunk?

짐을 트렁크에 좀 넣어 주세요.
Please put my baggage in the trunk.

 어디로 가시나요?
Where are you going?

어디까지 가시나요?
Where would you like to go?

센트럴파크로 가 주세요.
Central Park, please.

힐튼 호텔로 가 주세요.
To the Hilton Hotel, please.

시청으로 가 주세요.
Please go to City Hall.

시내로 가고 싶습니다.
I'd like to go downtown.

공항으로 데려다 주세요.
Please take me to the airport.

공항이요. 빨리 좀 가 주세요.
The airport, and make it quick, please.

공항까지 요금이 얼마인가요?
What's the fare to the airport?

DAY 023

택시 안에서

MP3와 해설강의를
들어보세요

Can you go
any faster?
좀 더 빨리 갈 순 없나요?

I'd like to, but
traffic is backed up.
그러고 싶지만 차가 막히네요.

얼마나 걸릴까요?
How long will it take?

속도 좀 줄여 주실래요?
Could you slow down, please?

서두르실 필요 없습니다.
There's no need to hurry.

빨리 가 주세요. 좀 급해서요.
Please step on it. I'm in a hurry.

돌아가시는 것 같아요.
I think you're going around.

차가 많이 막히네요.
There's a lot of traffic.

🗣 차들이 움직이지 않습니다.
Traffic isn't moving at all.

다음 모퉁이에서 우회전해 주세요.
Please turn right at the next corner.

다음 교차로에서 좌회전해 주세요.
Please turn left at the next intersection.

저 앞에 잠시만 세워 주세요.
Please stop over there for a minute.

두 번째 신호등까지 가 주세요.
Go to the second light, please.

🗣 다 왔습니다, 손님.
Here we are.

조금 더 가 주세요.
Just keep going.

택시 내리기

MP3와 해설강의를
들어보세요

Can you stop
over there?
저기에 세워 주실래요?

I'll drop you off
near the subway station.
지하철역 근처에 내려 드릴게요.

여기서 내려 주실래요?
Would you pull over here?

다음 신호에서 내려 주세요.
Please stop at the next light.

저 건물 앞에 세워 주세요.
Please stop in front of that building.

여기서 내려 주실래요?

Can you let me out here?

다음 신호등에서 내려 주세요.

Please let me out at the next light.

저 모퉁이에서 세워 주세요.

Please drop me off at that corner.

사거리 지나서 내려 주세요.

Please drop me off past the intersection.

요금이 얼마죠?

How much is it?

100달러짜리인데 잔돈 있으세요?

Do you have change for a hundred?

잔돈이 없네요.

I don't have any small change.

여기 있습니다.

Here you are.

잔돈은 괜찮습니다.

Keep the change.

짐 좀 꺼내 주실래요?

Can you take out my baggage?

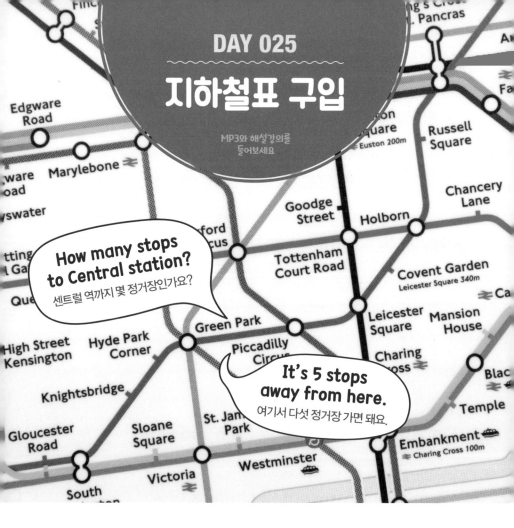

지하철표 구입

MP3와 해설강의를
들어보세요

How many stops
to Central station?
센트럴 역까지 몇 정거장인가요?

It's 5 stops
away from here.
여기서 다섯 정거장 가면 돼요.

이 근처에 지하철역이 있나요?
Is there a subway station near here?

가장 가까운 지하철역이 어디죠?
Where is the nearest subway station?

표는 어디서 구입하나요?
Where can I buy a ticket?

자동 발매기는 어디에 있나요?
Where is the ticket machine?

지하철 노선도 좀 얻을 수 있나요?
May I have a subway map?

시내에는 몇 호선이 가나요?
Which line goes downtown?

사우스페리에 가는 건 몇 호선인가요?
Which line goes to South Ferry?

시청 가는 열차는 어디에서 타나요?
Where do I take the train for City Hall?

시청까지 얼마인가요?
How much is it to City Hall?

시청까지 한 장 주세요.
One ticket to City Hall, please.

1일 이용권 살 수 있나요?
Can I get a 1-day pass?

7일 이용권 주시겠어요?
Can I have a 7-day pass?

7호선은 어디서 탈 수 있나요?
Where can I take line number 7?

어디서 열차를 갈아타야 하나요?
Where should I change trains?

어느 역에서 갈아타야 하나요?
Where do I have to transfer?

시청 역에서 열차를 갈아타세요.
You should transfer trains at City Hall.

그린 라인으로 갈아타시면 됩니다.
You can transfer to the green line.

열차를 잘못 탔어요.
I got on the wrong train.

반대편에서 타셔야 합니다.
You should take the train on the other side.

어느 역에서 내려야 하나요?
Which stop should I get off at?

유니온 역까지 몇 정거장 남았나요?
How many stops until Union station?

내릴 역을 지나친 것 같아요.
I think I missed my station.

열차를 반대편에서 잘못 탔어요.
I got on the wrong side of the tracks.

내셔널 갤러리로 가는 출구가 어디인가요?
Where is the exit for National Gallery?

2번 출구로 나가시면 돼요.
Take the exit number 2.

DAY 027
열차 타기

MP3와 해설강의를
들어보세요

Is this the right train for Seattle?
이 열차가 시애틀행이 맞나요?

Yes, you can take this train.
네, 이 열차를 타시면 됩니다.

보스턴행 표 한 장 주세요.
A ticket to Boston, please.

왕복표 한 장 주세요.
I'd like a round-trip ticket, please.

Tip 왕복   round trip
편도   one way

어떤 열차가 시카고로 가나요?
Which train goes to Chicago?

덴버행 가장 이른 기차는 언제 있나요?

When is the earliest train to Denver?

뉴욕행 다음 열차는 몇 시에 있나요?

When is the next train for New York?

기차가 몇 시에 출발하나요?

What time does the train leave?

열차 배차 간격이 어떻게 되나요?

How often does the train run?

시드니까지 얼마죠?

What's the fare to Sydney?

런던행 기차는 어디에서 타나요?

Where can I take the train for London?

여기가 맨체스터행 플랫폼이 맞나요?

Is this the right platform for Manchester?

에든버러 가는 기차인가요?

Is this going to Edinburgh?

옥스포드행 기차 맞나요?

Is this train bound for Oxford?

이 열차가 브라이튼행인가요?

Is this the train for Brighton?

DAY 028
렌터카 문의

MP3와 해설강의를
들어보세요

What kind of car do you want?
어떤 차를 원하세요?

A compact car, please.
소형차로 부탁해요.

자동차를 빌리고 싶습니다.
I'd like to rent a car.

차를 3일간 빌리고 싶어요.
I'd like to rent a car for three days.

얼마 동안 사용하실 건가요?
How long will you use it?

이틀간이요.

For two days.

어떤 종류의 차가 있나요?

What kind of cars do you have?

어떤 타입의 차를 원하세요?

What type of car would you like?

소형차가 좋은데요.

I'd like a compact car.

Tip 소형차	compact car
중형차	mid-size car
오픈카	convertible

중형차로 부탁해요.

A mid-size car, please.

오토형 SUV를 원해요.

I want an automatic SUV.

오픈카는 있나요?

Do you have any convertibles?

좀 더 큰 거면 좋겠어요.

I'd like something bigger.

이 양식에 기입해 주세요.

Fill out this form, please.

운전면허증 좀 보여 주실래요?

Can I see your driver's license?

렌터카 요금·옵션

MP3와 해설강의를
들어보세요

하루 대여료가 얼마예요?
What's the daily rate?

요금은 얼마인가요?
What's the rental fee?

보험에 들고 싶어요.
I'd like to get insurance.

090

최소 보장보험으로 들게요.
I'll take the minimum insurance coverage.

보험료는 얼마죠?
How much is insurance?

보험이 포함된 가격인가요?
Does it include insurance?

GPS 내비게이션이 있나요?
Do you offer GPS navigation?

유아용 카시트 있나요?
Do you have a car seat?

빌리기 전에 차를 보고 싶어요.
I'd like to see the car before I rent it.

이 차로 할게요.
I'll take this car.

반납이 늦으면 얼마를 내야 하나요?
How much do you charge if I'm late?

차량 반납하러 왔어요.
I'm here to return the car.

DAY 030
주유소에서

MP3와 해설강의를
들어보세요

We are low on gas.
기름이 거의 떨어졌어요.

Let's stop at the gas station.
주유소에 들렀다 갑시다.

기름이 거의 떨어져가요.
We are running out of gas.

근처에 주유소가 있나요?
Is there a gas station nearby?

얼마나 넣어 드릴까요?
How much gas would you like?

가득 넣어 주세요.
Fill it up, please.

20달러어치 채워 주세요.
20 dollars, please.

50달러어치 넣어 주세요.
Fill her up to 50 dollars.

무연으로 주세요.
Unleaded, please.

> **Tip** 무연 unleaded (regular)
> 유연 unleaded plus (plus)
> 고급 super unleaded (premium)

차를 앞으로 빼 주실래요?
Can you move up a little, please?

엔진을 꺼 주세요.
Turn off the engine, please.

이 주유기는 어떻게 사용하나요?
How can I use this gas pump?

이 주유기 사용법 좀 알려 주실래요?
Can you show me how to use this pump?

다음 주유소는 어디에 있나요?
Where is the next gas station?

Could you check the engine oil?
엔진오일 좀 체크해 주실래요?

**Let's see.
You need an oil change.**
어디 봅시다. 오일을 교환하셔야 합니다.

제 차가 고장 났어요.
My car broke down.

시동이 걸리지 않아요.
I can't start the engine.

타이어가 펑크 났어요.
I have a flat tire.

타이어 좀 점검해 주실래요?
Would you check my tires?

헤드라이트가 나갔어요.
The headlights are out.

에어컨이 작동을 안 해요.
The AC is not working.

브레이크가 잘 듣지 않아요.
The brake doesn't work properly.

차에서 이상한 소리가 나요.
My car is making a funny noise.

차에 문제가 있는 것 같아요.
There is something wrong with my car.

배터리가 나간 것 같아요.
I'm afraid the battery is dead.

네비게이션이 작동하지 않아요.
The GPS navigation system stopped working.

한국어로 설정을 어떻게 바꿔요?
How can I change language setting to Korean?

DAY 032
교통사고

MP3와 해설강의를
들어보세요

How did it happen?
어쩌다 그렇게 된 거야?

I got rear-ended.
추돌당했어.

여보세요, 경찰서죠?
Hello, is this the police station?

자동차 사고가 났어요.
I had a traffic accident.

2번가에서 사고가 났어요.
There's been an accident on 2nd Street.

교통사고 신고하려고 합니다.
I want to report a car accident.

누가 내 차를 받았어요.
Someone crashed into my car.

누가 내 차를 받았어요.
Someone ran into my car.

가벼운 접촉사고가 났어요.
I just had a fender bender.

다른 차가 내 차를 뒤에서 받았어요.
I got rear-ended by another car.

정면으로 충돌했어요.
It was a head-on collision.

제 차가 정면으로 받쳤습니다.
My car was hit head-on.

저 차가 내 차의 측면을 받았어요.
That car hit mine broadside.

5중 연쇄충돌 사고를 당했어요.
I was in a five-car pileup.

사고 내용

MP3와 해설강의를
들어보세요

What happened
to your car?
차는 어떻게 되었나요?

There was no damage
to my car.
제 차는 멀쩡해요.

저 차가 갑자기 멈췄어요.
That car stopped suddenly.

저 차가 갑자기 튀어나왔어요.
That car came out of nowhere.

이 차가 뒤에서 나를 받았어요.
This car hit me from behind.

다친 사람 있나요?
Is anybody hurt?

제가 다쳤어요.
I got hurt.

목을 삐었어요.
I sprained my neck.

제 동승자가 다쳤어요.
My fellow passenger got hurt.

차량에 부딪혔어요.
I was hit by a car.

자동차에 치었어요.
I was run over by a car.

제 친구가 차에 치었어요.
My friend was hit by a car.

여기 다친 사람이 있어요.
There is an injured person here.

제가 피해자예요.
I'm the victim.

빵소니 사고를 당했어요.
I was involved in a hit-and-run.

제 렌터카 회사에 연락할게요.
I'm gonna call my car rental company.

보험에 들었어요.
I have insurance to cover it.

보험에 안 들었어요.
I don't have insurance.

큰일 났어요.
It's an emergency.

경찰 좀 불러 주세요.
Please call the police.

가장 가까운 병원이 어디 있어요?
Where is the nearest hospital?

구급차 좀 불러 주세요.
Please call an ambulance.

구급차 좀 바로 보내 주세요.
Please send an ambulance right away.

저를 병원에 데려가 주실래요?
Could you take me to the hospital?

견인차가 필요해요.
I need a tow truck.

견인 트럭을 보내 주실래요?
Can you send me a tow truck?

제 차는 수리 맡겼어요.
My car is in the shop.

주차하기

MP3와 해설강의를
들어보세요

Is parking free?
주차는 무료인가요?

**No, this is
a pay parking lot.**
아니요, 여기는 유료 주차장입니다.

여기 주차해도 되나요?
Can I park here?

아니요, 이곳은 견인 구역입니다.
No, this is a tow-away zone.

죄송합니다. 주차장이 꽉 찼어요.
Sorry, this parking lot is full.

여기는 장애인 주차장입니다.
This is a handicapped parking area.

무료 주차는 어디에서 할 수 있어요?
Where can I park for free?

근처에 무료 주차장이 있나요?
Is there any free parking around here?

어디에 주차해야 하나요?
Where should I park my car?

주차장이 건물 뒤에 있습니다.
The parking lot is at the back of the building.

주차 요금은 얼마입니까?
How much is the parking fee?

주차 공간이 너무 좁아요.
The parking space is too small.

다른 차가 막고 있어요.
We're blocked in by another car.

차를 이동시켜 주실래요?
Can you move your car?

차를 뒤로 좀 빼 주실래요?
Could you please back up a little?

Why did you pull me over?
제 차를 왜 세우셨나요?

You ran the stop sign.
정지 신호를 위반하셨습니다.

운전면허증 좀 볼 수 있을까요?
May I see your driver's license, please?

경관님, 무슨 일인가요?
What's the problem, officer?

정지 신호를 위반하셨습니다.
You ran the red light.

정지 신호를 무시하셨습니다.
You ignored the stop sign.

정지 신호를 보지 못했어요.
I didn't see the stop sign.

과속하셨습니다.
You were speeding.

제한 속도를 몰랐어요.
I didn't know the speed limit.

규정 속도를 지켰는데요.
I was obeying the speed limit.

불법 유턴을 하셨습니다.
You made an illegal U turn.

딱지를 끊겠습니다.
I'm going to give you a ticket.

벌금이 얼마인가요?
How much is the fine?

저는 관광객입니다.
I'm just a tourist.

한 번만 봐주실래요?
Can you give me a break?

PART 3

숙소 이용하기

PASSPORT

front desk
안내 데스크

room rate
객실 요금

check-in
입실 수속

check-out
퇴실 수속

room key
방 키

single room
싱글룸

twin room
트윈룸(침대가 2개)

double room
더블룸(2인용 침대)

early check-in
이른 체크인

late check-out
늦은 체크아웃

ocean view
오션뷰(바다 전망)

restaurant
식당

breakfast
조식

fitness center
헬스 클럽

ATM
현금 자동 지급기

bed sheet
침대 시트

pillow
베개

remote control
리모컨

air conditioner
에어컨

adjust
조절하다

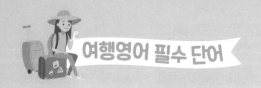

여행영어 필수 단어

valuables
귀중품

smart phone charger
스마트폰 충전기

Wi-Fi password
와이파이 비밀번호

adapter
어댑터

wake-up call
모닝콜

toilet
변기

blocked
막힌
(= clogged)

toilet paper
화장지

towel
수건

bath towel
목욕 타월

날짜 말하는 법

 날짜

미국에서는 월/일/년 순으로, 영국에서는 주로 일/월/년 순으로 표기합니다.

예 2017년 6월 2일

	미국식(월/일/년)	영국식(일/월/년)
적을 때	June 1st, 2017	1st June, 2017
말할 때	June first, twenty seventeen	The first of June, twenty seventeen

요일

날짜와 함께 요일도 같이 표기할 경우에는 요일을 맨 앞에 씁니다.

미국식	Monday, June 1, 2017
영국식	Monday, 1 June, 2017

연도

연도는 일반적으로 10단위로 끊어 읽습니다.

예 1964년   nineteen sixty four

2000년대의 연도는 두 가지로 표현할 수 있습니다.

예 2017년   two thousand (and) seventeen
                   twenty seventeen

It's seven o'clock.

It's ten past seven.
It's seven ten.

It's quarter past seven.
It's seven fifteen.

It's half past seven.
It's seven thirty.

It's twenty to eight.
It's seven forty.

It's quarter to eight.
It's seven forty five.

It's five to eight.
It's seven fifty five.

전화번호 읽는 법

한 자리씩 순서대로 읽어 주면 됩니다.
숫자 영(0)은 알파벳 O와 모양이 같아서 zero 또는 O라고 읽습니다.

nine one four   seven O four five

seven five two   O five four eight

three double two   three four
double five

six double four   five one double
three

seven three eight   five one nine
one or two

nine one four   seven four O one
through six

숙소 예약

MP3와 해설강의를
들어보세요

I'd like to
book a room, please.
방을 예약하려고 하는데요.

Sorry. We're fully
booked for now.
죄송합니다. 지금은 예약이 다 찼습니다.

방을 예약하고 싶습니다.
I'd like to make a reservation.

6월 15일에 방을 예약하려고 합니다.
I'd like to reserve a room for June 15th.

죄송하지만, 예약이 꽉 찼습니다.
I'm afraid we're fully booked.

오늘 밤은 예약이 끝났습니다.
We're fully booked up tonight.

내일 방이 있나요?
Do you have a room for tomorrow?

이번 주 금요일에 빈방 있나요?
Do you have any vacancies for this Friday?

어떤 방을 원하세요?
What kind of room do you want?

어떤 종류의 방을 원하시나요?
What kind of room would you like?

트윈룸으로 주세요.
A twin room, please.

Tip		
싱글룸	single room
더블룸	double room
트윈룸	twin room

2인용 방이 있나요?
Do you have any rooms for two?

죄송하지만 빈방이 없습니다.
I'm sorry, there's no vacancy.

이용 가능한 방이 없습니다.
There are no rooms available.

RECEPTION

며칠 투숙하실 예정인가요?
How many days will you stay?

2박을 하려고 합니다.
I'll be staying for two nights.

이틀 동안 머물고 싶습니다.
I'd like to stay for two nights.

116

몇 분이신가요?
How many people, sir?

어른 두 명, 아이 한 명입니다.
Two adults and one child.

성인 두 명, 어린이 두 명입니다.
Two adults and two children.

금연실이면 좋겠어요.
I'd like a non-smoking room.

침대를 하나 추가해 주세요.
I'd like to request an extra bed.

전망이 좋은 방으로 부탁합니다.
I'd like a room with a nice view.

바다가 보이는 방으로 주세요.
I'd like a room with an ocean view.

바다가 보이는 방이면 좋겠어요.
I'd like a room facing the ocean.

해변이 보이는 방으로 주세요.
I'd like a room facing the beach.

조용한 방으로 부탁합니다.
I'd like a quiet room.

예약 확인 · 변경

MP3와 해설강의를
들어보세요

I'd like to cancel my reservation.
예약을 취소하고 싶습니다.

What name is it under?
어느 분 성함으로 예약하셨나요?

예약을 확인하고 싶어요.
I'd like to confirm my reservation.

예약을 변경하고 싶어요.
I'd like to change my reservation.

방을 바꾸고 싶습니다.
I'd like to change my room.

118

예약을 변경하려고 전화드렸습니다.
I'm calling to change my reservation.

죄송하지만 예약을 취소해야 할 것 같습니다.
I'm afraid I have to cancel my reservation.

성함과 연락처를 알려 주시겠어요?
Can I have your name and phone number?

성함의 철자가 어떻게 되시나요?
How do you spell your name?

싱글룸을 예약했는데 더블룸이 나을 것 같아요.
I'd like a double room instead of a single.

5월 10일로 날짜를 변경하고 싶습니다.
I want to change the date to May 10th.

기존 예약한 것에 방 하나를 추가하려고 합니다.
I need to add a room to my reservation.

객실을 업그레이드 할 수 있나요?
Can I get a room upgrade?

하루 더 숙박하고 싶어요.
I'd like to stay one more night.

하루 일찍 떠나려고 합니다.
I'd like to leave one day earlier.

> I'd like to check in, please.
> 체크인하려고 합니다.

> Do you have a reservation?
> 예약하셨나요?

예약하셨나요?
Did you make a reservation?

온라인으로 예약을 했습니다.
I have made a reservation online.

김민식이라는 이름으로 예약했습니다.
I have a reservation under Minsik Kim.

존이라는 이름으로 예약했습니다.
I made a reservation under the name of John.

예약 안 했습니다.
I don't have a reservation.

지금 체크인할 수 있나요?
Can I check in now?

체크인 시간은 몇 시죠?
What time is check-in?

일찍 체크인할 수 있나요?
Can I check in early?

숙박부를 작성해 주세요.
Please fill out the check-in slip.

이 양식을 기입해 주시겠어요?
Will you fill out this form, please?

손님의 방 번호는 904호입니다.
Your room number is 904.

여기 방 열쇠입니다.
Here is your room key.

제 짐 좀 올려 주실 수 있으세요?
Can you move up my baggage?

DAY 041

객실 요금 문의

MP3와 해설강의를
들어보세요

What's the
rate per night?
하루에 얼마입니까?

It's $90 per night.
하룻밤에 90달러입니다.

객실 요금이 얼마인가요?
What's the room rate?

하루에 얼마예요?
How much is it per night?

하루에 얼마입니까?
How much is it for one night?

싱글룸은 1박에 얼마인가요?
How much is a single room per night?

1박에 95달러입니다.
We charge $95 for one night.

조식이 포함되어 있나요?
Is breakfast included?

숙박비에 아침식사도 포함되어 있나요?
Is breakfast included in the rate?

조식 포함 하루 숙박비는 얼마인가요?
How much is one night with breakfast?

이것은 무료 아침식사 쿠폰입니다.
This is a voucher for the free breakfast.

보증금은 얼마인가요?
How much is the deposit?

보증금으로 250달러를 받습니다.
We require a $250 deposit.

체크아웃하실 때 돌려 드립니다.
It will be returned when you check out.

안내 데스크는 어디에 있나요?
Where is the front desk?

여기 현금 자동 지급기가 있나요?
Do you have an ATM here?

편의점이 있나요?
Do you have a convenience store?

식당이 어느 쪽인가요?
Which way is the restaurant?

식당은 몇 층에 있나요?
On which floor is the restaurant?

운동 시설은 몇 층에 있나요?
Which floor has the fitness center?

수영장은 몇 시까지 이용할 수 있나요?
When does the swimming pool close?

여기에 스파가 있나요?
Is there a spa here?

바는 언제까지 영업하나요?
How late is the bar open?

휴대폰 충전을 할 수 있나요?
Can I charge my phone?

객실에서 무료 와이파이 사용할 수 있나요?
Can I use free Wi-Fi in my room?

와이파이 비밀번호가 뭐예요?
What's the Wi-Fi password?

와이파이가 안 돼요.
I can't connect to Wi-Fi.

서비스 문의 · 요청

MP3와 해설강의를
들어보세요

What time can I have breakfast?
조식은 몇 시에 먹을 수 있나요?

Breakfast starts at 7.
조식은 7시부터 시작합니다.

아침식사는 어디서 하나요?
Where can I have breakfast?

조식은 몇 시에 제공되나요?
What time is breakfast served?

아침식사는 몇 시까지 하나요?
What time does breakfast finish?

식당은 몇 시에 여나요?
What time does the restaurant open?

룸서비스 받을 수 있나요?
Can I have room service?

룸서비스 부탁해요.
Room service, please.

비용은 제 방으로 달아 주세요.
Charge it to my room, please.

7시에 깨워 주세요.
Please wake me up at 7.

7시에 모닝콜 해 주실래요?
Can I get a wake-up call at 7?

픽업 서비스가 되나요?
Do you have pick-up service?

택시 좀 불러 주실래요?
Can you call me a taxi?

시내로 가는 셔틀버스 있나요?
Do you have a shuttle to downtown?

셔틀버스는 어디서 탈 수 있나요?
Where can I take the shuttle?

객실 서비스 요청

MP3와 해설강의를
들어보세요

Can I have an extra towel?
수건 하나 더 주실래요?

Sure. I'll bring it right away.
알겠습니다. 곧 갖다 드릴게요.

여보세요. 902호입니다.
Hello. This is room 902.

수건 좀 더 주실래요?
Can I have some more towels?

목욕 수건이 충분하지 않아요.
We don't have enough bath towels.

베개 하나 더 주실래요?
Can I get an extra pillow?

슬리퍼 좀 갖다 줄 수 있나요?
Can you bring me some slippers?

이불 하나 더 주실래요?
Can I have an extra blanket?

이불 한 장 더 부탁합니다.
I'd like one more blanket, please.

침대 시트를 갈아 줄 수 있나요?
Can you change the bed sheet?

세탁 서비스 되나요?
Do you have laundry service?

세탁 맡길 것이 있습니다.
I have some laundry.

돈을 내야 하나요?
Do you charge for this?

온도는 어떻게 조절하나요?
How can I adjust the temperature?

방 청소 좀 부탁드립니다.
Make up my room, please.

객실 불편사항 I

MP3와 해설강의를
들어보세요

**Front desk.
How may I help you?**
프런트 데스크입니다.
어떻게 도와 드릴까요?

**This is room 502.
There's no hot water.**
502호인데요. 뜨거운 물이 안 나와요.

TV가 안 켜져요.
I can't turn on the TV.

TV가 고장입니다.
The TV doesn't work.

리모컨을 찾을 수가 없어요.
I can't find the remote control.

리모컨 작동법을 모르겠어요.
I don't know how the remote works.

사람 좀 보내 주실래요?
Could you send someone up?

에어컨 좀 확인해 주실래요?
Can you check the AC?

에어컨이 고장 났어요.
The air conditioner doesn't work.

히터 좀 확인해 주실래요?
Can you check the heater?

히터가 작동하지 않아요.
The heater is not working.

방이 따뜻하지 않아요.
The room isn't warm enough.

전기가 안 들어와요.
The electricity isn't working.

전등이 안 켜집니다.
The light is not working.

창문이 안 열려요.
I can't open the window.

객실 불편사항 II

MP3와 해설강의를
들어보세요

> **The toilet won't flush.**
> 변기 물이 안 내려가요.

> **I'll send someone to fix it.**
> 사람 보내서 고쳐 드리겠습니다.

화장지가 떨어졌어요.
We're out of toilet paper.

변기가 막혔어요.
The toilet is clogged.

변기가 넘칩니다.
The toilet is overflowing.

비데가 고장 났어요.
The bidet is not working.

세면대가 막혔어요.
The sink is clogged up.

배수구가 막혔어요.
The drain is blocked.

샤워기가 고장 났어요.
The shower doesn't work.

방 열쇠가 고장입니다.
The room key doesn't work.

방에 키를 두고 나왔어요.
I locked myself out.

키가 방에 있는데 문이 잠겼어요.
I'm locked out of my room.

방 키를 찾을 수가 없어요.
I can't find my key anywhere.

옆방이 너무 시끄러워요.
The room next door is too noisy.

다른 방으로 옮기고 싶어요.
I'd like to change my room.

숙소 체크아웃

MP3와 해설강의를
들어보세요

> **What time is check-out?**
> 체크아웃 시간은 몇 시예요?

> **You should check out by 12 o'clock.**
> 정오까지는 체크아웃해 주세요.

체크아웃 부탁해요.
Check out, please.

체크아웃을 하고 싶습니다.
I'd like to check out, please.

체크아웃 시간은 언제인가요?
When is check-out time?

좀 늦게 체크아웃할 수 있나요?
Can I check out late?

늦게 체크아웃하면 얼마인가요?
How much is the late check-out?

숙박 요금이 얼마죠?
How much is the charge?

이건 무슨 비용이죠?
What is this charge for?

미니바를 이용하지 않았어요.
I didn't use the minibar.

룸서비스를 받은 적이 없습니다.
I didn't get any room service.

어떻게 지불하실 건가요?
How would you like to pay?

신용카드로 결제할게요.
I'd like to pay by credit card.

짐 좀 보관해 줄 수 있나요?
Could you keep my baggage?

오후 4시까지 짐을 맡길 수 있나요?
Can I leave my baggage until 4 p.m.?

PART 4

쇼핑 즐기기

grocery store
식료품점

cosmetics
화장품

browse
둘러보다

try on
착용해 보다

discount
할인

sale
세일

expensive
비싼

cash
현금

credit card
신용카드

wrap up
포장하다

popular item
인기 품목

in fashion
유행하는
(= in style)

fitting room
탈의실

tight
꽉 끼는

loose
헐렁한

fit
(몸에) 잘 맞다

pay in installments
할부로 계산하다
(**pay in full** 일시불로 계산하다)

refund
환불

exchange
교환

receipt
영수증

농산물 코너는 어디에 있나요?
Where is the produce section?

식료품 매장은 몇 층에 있나요?
Which floor has foods?

가방은 어디서 팔아요?
Where can I buy bags?

화장품은 어디서 살 수 있나요?
Where do you sell cosmetics?

화장품 코너가 어디에 있나요?
Where is the cosmetic counter?

여성복은 어디에 있나요?
Where is women's clothing?

아동복은 어디에 있나요?
Where can I find kid's clothing?

남성복 매장은 몇 층인가요?
What floor is the men's wear on?

스포츠 용품점이 있나요?
Is there a sporting goods store?

신발 코너는 어디인가요?
Where is the shoe department?

운동화를 찾고 있어요.
I'm looking for a pair of sneakers.

전자제품 코너는 어디인가요?
Where is the electronics department?

지하 1층에 있어요.
It's in the first basement.

쇼핑 매장

clothing store
옷 가게

toy store
장난감 가게

duty-free shop
면세점

gift shop
선물 가게

convenience store
편의점

grocery store
식료품점

shoe store
신발 가게

electronics store
전자제품 매장

souvenir shop
기념품 가게

jewelry shop
보석 가게

cosmetics store
화장품 가게

sports shop
스포츠용품 가게

liquor store
주류 판매점

appliance store
가전용품 매장

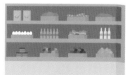

마트에서

MP3와 해설강의를
들어보세요

Where can
I find beers?
맥주는 어디에 있나요?

It's in aisle 5.
5번 코너에 있어요.

가장 가까운 식료품점은 어디에 있나요?
Where is the nearest grocery store?

과일 코너가 어디죠?
Where is the fruit section?

유제품 코너는 어디죠?
Where is the dairy section?

주류 코너는 어디죠?
Where is the liquor section?

빵은 어디에 있나요?
Where can I find the bread?

오렌지 좀 있나요?
Do you have any oranges?

죄송하지만 그 물품은 없습니다.
I'm afraid we don't carry that.

라면 찾는 것 좀 도와주실래요?
Can you help me find instant noodles?

죄송하지만 그 물건은 떨어졌는데요.
I'm afraid we're out of that item.

두 개 주세요.
Give me two, please.

두 개 사시면 한 개는 공짜로 드립니다.
Buy two and get one free.

매장 둘러보기

MP3와 해설강의를
들어보세요

Are you looking for something?
뭐 찾으시는 게 있나요?

I'm just looking around.
그냥 둘러보고 있어요.

🔊 물건 찾는 걸 도와드릴까요?
Can I help you find something?

🔊 다른 점원이 도와드리고 있나요?
Are you being helped?

🔊 특별히 찾고 계신 거라도 있으세요?
Are you looking for anything in particular?

146

아뇨. 그냥 구경하고 있어요.
Not really. I'm just browsing.

필요한 게 있으시면 알려 주세요.
If you need any help, just let me know.

치마를 찾고 있어요.
I'm looking for a skirt.

아내에게 줄 선물을 찾고 있어요.
I'm looking for something for my wife.

천천히 구경하세요.
Take your time.

여기 좀 봐 주실래요?
Hello, can you help me?

이것 좀 보여 주세요.
Show me this one, please.

다른 것 좀 보여 주실래요?
Can you show me another one?

가장 인기 있는 품목이 뭔가요?
What's the most popular item?

요즘 어떤 스타일이 유행인가요?
What kind of style is now in fashion?

DAY 051

옷 가게에서

MP3와 해설강의를
들어보세요

Can I try this on?
이거 입어 봐도 되나요?

Sure. What size do you wear?
물론이죠. 몇 사이즈 입으세요?

어떤 사이즈를 찾으세요?
What size do you want?

---

100 사이즈 입어요.
I wear a size 100.

라지 사이즈 입어요.
I wear a large.

Tip 스몰   small
중간   medium
라지   large

제 사이즈를 모르겠어요.
I don't know my size.

사이즈를 재 주실래요?
Can you measure me?

탈의실이 어디죠?
Where is the dressing room?

탈의실은 저쪽입니다.
The fitting room is over there.

이번 겨울에 이게 유행입니다.
This is in style this winter.

이 재킷이 요즘 유행이에요.
This jacket is in fashion now.

무척 잘 어울리시네요.
It looks great on you.

어떤 게 더 나을까요?
Which looks better?

검정색이 더 좋아요.
I'd prefer a black one.

Tip 검정색	black	노란색	yellow	갈색	brown
흰색	white	초록색	green	회색	grey
빨간색	red	분홍색	pink	베이지색	beige
파란색	blue	보라색	purple		

다른 물건 요청

MP3와 해설강의를
들어보세요

Do you have this in blue?
이거 파란색도 있나요?

Sorry. We don't have it in that color.
죄송해요. 그 색깔은 없네요.

좀 더 큰 거 있나요?

Do you have a bigger one?

더 작은 거 있나요?

Do you have a smaller one?

이거 더 작은 사이즈 있나요?

Do you have this in a smaller size?

이거 더 큰 사이즈 있나요?
Do you have this in a larger size?

이것으로 다른 사이즈 있나요?
Do you have this in another size?

이거 사이즈 6 있나요?
Do you have this in a size 6?

손님 사이즈가 없네요.
We don't have that in your size.

이것으로 다른 색상 있나요?
Do you have this in another color?

다른 색상을 보여 주실래요?
Can you show me another color?

빨간색도 있나요?
Do you have a red one?

다른 스타일도 있나요?
Do you have any other style?

다른 디자인도 있나요?
Do you have any other designs?

그 물건은 품절됐어요.
We're out of that item.

DAY 053
착용감 표현

MP3와 해설강의를
들어보세요

How do you like it?
마음에 드시나요?

It's too loose
for me.
너무 헐렁한데요.

잘 맞아요.
It fits me well.

저한테 안 맞아요.
It doesn't fit me.

너무 작아요.
It's too small for me.

Tip			
작은	small	꽉 끼는	tight
큰	big	헐렁한	loose
짧은	short	잘 맞다	fit
긴	long		

가슴 부분이 조여요.

It's tight around my chest.

이건 안 되겠어요. 너무 작아요.

This doesn't work. It's too small.

팔 안쪽이 꽉 끼어요.

It's too tight under the arms.

소매가 너무 짧아요.

The sleeves are too short.

소매가 너무 길어요.

The sleeves are too long.

너무 꽉 끼어요.

This is too tight for me.

어깨 부분이 더 넉넉하면 좋겠어요.

I want more room around the shoulders.

바지 길이가 좀 짧아요.

They aren't long enough.

(바지) 골반 부분이 작아요.

They're tight in the hips.

(바지) 허리가 조금 헐렁해요.

They're a little loose around the waist.

가격 흥정 I

MP3와 해설강의를
들어보세요

Can I get a discount?
할인받을 수 있나요?

What's your price range?
생각하는 가격대가 어떻게 되세요?

너무 비싸네요.
It's too expensive.

생각했던 것보다 비싸네요.
It's more expensive than I thought.

생각하는 가격대를 벗어났어요.
That's out of my price range.

구입할 여력이 안 돼요.
I can't afford that.

이게 제가 가진 전부예요.
This is all I have.

돈이 충분하지 않아요.
I don't have enough money.

좀 깎아 주실래요?
Can you come down a little?

좀 할인해 줄 수 있나요?
Can you give me a discount?

얼마까지 할인해 줄 수 있나요?
What's your best price?

얼마나 깎아 주실 수 있나요?
How much lower can you go?

현금으로 내면 할인해 주시나요?
Can you give me a discount for cash?

현금으로 내면 좀 더 싸나요?
Is this cheaper if I pay with cash?

현금으로 계산하면 깎아 줄 수 있나요?
If I pay in cash, can you lower the price?

DAY 055
가격 흥정 II

MP3와 해설강의를
들어보세요

> **This is
> my last offer.**
> 이 가격 이하는 안 됩니다.

> **I'll think about it.
> Thank you.**
> 좀 더 생각해 볼게요. 고맙습니다.

가격이 괜찮네요.
That's a good price.

🔊 거저나 마찬가지예요.
That's a steal.

🔊 싸게 사시는 거예요.
It's a very good price.

밑지고 파는 겁니다.
We're selling at a loss.

20퍼센트 깎아 드릴게요.
I'll give you a 20% discount.

그 가격으로 맞춰 드릴게요.
We'll match that price.

최대한 봐 드린 가격이에요.
That's my final offer.

최대한 할인한 가격입니다.
That's my final price.

더 이상 깎아 드릴 수 없어요.
I can't come down any more.

할인 쿠폰이 있어요.
I have a discount coupon.

이 쿠폰 사용할 수 있나요?
Can I use this coupon?

나중에 다시 올게요.
I'll come back later.

둘러보고 올게요.
I'll look around and come back.

DAY 056

구입 정보 문의

MP3와 해설강의를
들어보세요

It's 20 percent off.
20% 할인 판매합니다.

Is this on sale?
이거 세일 중인가요?

무료 샘플 하나 주실래요?
Can I get a free sample?

공짜로 하나 가져가세요.
Take one for free.

그냥 나눠 드리는 겁니다.
We're giving these away.

하나 사시면 하나를 더 드려요
Buy one and get one free.

이걸로 할게요.
I'll take this.

이것으로 사고 싶어요.
I'd like to buy this one.

이걸로 세 개 주세요.
I'd like three of these.

지금 세일 기간인가요?
Are you having a sale now?

이 물건들은 세일 중입니다.
These items are on sale.

재고 정리 세일 중입니다.
We're having a clearance sale.

영업시간이 어떻게 되나요?
What are your business hours?

몇 시에 문을 닫나요?
What time do you close?

몇 시까지 영업하나요?
How late are you open?

교환 · 반품

MP3와 해설강의를
들어보세요

**Hello.
Can I help you?**
안녕하세요. 도와드릴까요?

**I bought this yesterday,
but it doesn't work.**
어제 샀는데 작동이 안 돼요.

다른 제품과 교환하고 싶어요.
I'd like to exchange this, please.

다른 것으로 교환되나요?
Can I exchange it for another one?

사이즈를 바꿔도 되나요?
Can I change the size?

160

이거 반품하고 싶어요.
I'd like to return this.

반품하려면 어디로 가야 하나요?
Where should I go to return this?

작동이 잘 안 돼요.
It doesn't work properly.

사이즈가 안 맞아요.
It's the wrong size.

사이즈가 안 맞아요.
The size doesn't fit me.

여기 흠집이 있어요.
It's damaged here.

여기 얼룩이 있어요.
I found a stain here.

구입할 때는 몰랐어요.
I didn't notice when I bought it.

추가 요금이 있나요?
Is there an extra charge?

초과 금액은 지불할게요.
I'll pay the difference.

환불하기

MP3와 해설강의를
들어보세요

Can I get
a refund for this?
이거 환불받을 수 있나요?

Do you have
your receipt?
영수증 가지고 오셨어요?

환불을 받고 싶어요.
I'd like a refund, please.

이거 환불해 주세요.
I'd like to get a refund for this.

아직 사용하지 않았어요.
I haven't used it at all.

영수증을 주시겠어요?
Can I have the receipt?

영수증 여기 있어요.
Here is my receipt.

영수증을 잃어버렸어요.
I lost my receipt.

영수증을 안 가져왔어요.
I'm afraid I didn't bring the receipt.

영수증이 없으면 환불이 곤란합니다.
No receipt, no refund.

현금으로 계산하셨나요, 신용카드로 하셨나요?
Did you pay in cash or by credit card?

신용카드로 계산했어요.
I paid by credit card.

환불 불가. 교환만 가능.
No Refund. Exchange Only.

정책상 환불이 안 됩니다.
It's not our policy to give refunds.

계산하기

MP3와 해설강의를
들어보세요

How would you like to pay?
어떻게 지불하실 건가요?

I'll pay with a credit card.
신용카드로 계산할게요.

계산은 어디서 하나요?
Where is the cashier?

전부 얼마죠?
What's the total?

전부 합쳐서 얼마죠?
How much is the total?

전부해서 100달러입니다.
The total comes to $100.

현금인가요, 신용카드인가요?
Cash or charge?

현금으로 계산할게요.
I'll pay in cash.

신용카드 받으시나요?
Do you take credit cards?

할부로 지불할 수 있나요?
Can I pay in installments?

할부는 어떻게 해 드릴까요?
How many installments?

3개월 할부로 해 주세요
Three months, please.

일시불로 할게요.
I'll pay all at once.

일시불로 할게요.
I'd like to pay in full.

여기에 서명해 주세요.
Please sign here.

포장 · 배달

MP3와 해설강의를
들어보세요

Paper or plastic?
종이봉투에 드릴까요,
비닐봉투에 드릴까요?

Paper bag, please.
종이봉투에 넣어 주세요.

비닐봉투에 넣어 드릴까요?
Do you need a plastic bag?

선물 포장 해 주실래요?
Can you gift-wrap this?

선물 포장 되나요?
Can I have it gift-wrapped?

포장해 주실래요?
Can you wrap this up?

같이 포장해 줄 수 있나요?
Can you wrap them together?

따로 포장해 주세요.
Please wrap them separately.

선물용 포장은 유료인가요?
Is there a charge for gift-wrapping?

쇼핑백에 담아 주실래요?
Can you put it in a shopping bag?

종이백 하나 주실래요?
Can I have a paper bag?

이거 넣을 박스 좀 주실래요?
Can I get a box for this?

배달해 주실 수 있나요?
Can I have it delivered?

호텔까지 배달해 주실 수 있나요?
Could you send it to my hotel?

가장 가까운 우체국이 어디죠?
Where is the nearest post office?

해외 배송 되나요?
Do you ship overseas?

이 소포를 한국으로 보내고 싶어요.
I'd like to send this package to Korea.

내용물이 뭔가요?
What's in the package?

깨지는 물건이 있나요?
Is there anything fragile?

항공편으로 할까요, 선박편으로 할까요?
By air or surface mail?

| 항공 우편 | air mail |
| 선박 우편 | surface mail |

선박편으로 해 주세요.
By surface mail, please.

언제 도착하나요?
When will it arrive?

금요일까지 도착해야 합니다.
It should get there by Friday.

이 편지를 항공 우편으로 보내고 싶어요.
I'd like to send this letter by air mail.

이거 우편 요금이 얼마인가요?
How much is the postage for this?

우표를 좀 사려고 하는데요.
I'd like to buy some stamps.

여행지에서 많이 사는 물건

cosmetics
화장품

perfume
향수

watch
시계

sunglasses
선글라스

jewelry
보석, 장신구

wallet
지갑

shoulder bag
숄더백

backpack
배낭

electronics
전자제품

digital camera
디지털카메라

liquor
술

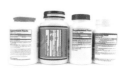

nutritional supplements
영양제

chocolate
초콜릿

toy
장난감

clothes
옷

key chain
열쇠고리

PART 5
관광 즐기기

directions
길 안내

on foot
도보로

turn right
우회전 하다
(**turn left** 좌회전 하다)

ticket counter
매표소

tourist attraction
관광 명소

catch a bus
버스를 타다

package tour
패키지 관광

city tour
시티 투어

entrance fee
입장료
(= admission fee)

restroom
화장실
(= bathroom)

174

book
예약하다

play
상영하다

sold out
매진된

brochure
브로슈어

intermission
중간 휴식

main actor
주연
(**main actress** 여주인공)

performance
공연

movie title
영화 제목

entrance
입구

exit
출구

방향 묻기

MP3와 해설강의를
들어보세요

Excuse me. Can I ask you for directions?
실례합니다. 길 좀 물어봐도 될까요?

Sure. Where are you going?
물론이죠. 어디에 가시는데요?

길 좀 가르쳐 주시겠어요?
Can I get some directions?

길 좀 가르쳐 주시겠어요?
Could you give me some directions?

차이나타운에 가는 길입니다.
I'm going to China Town.

그곳에 어떻게 가죠?
How can I get there?

박물관에 어떻게 가야 하나요?
How can I get to the museum?

이 주소로 어떻게 가나요?
How can I get to this address?

그곳에 가는 가장 좋은 방법이 뭔가요?
What's the best way to get there?

실례합니다. 제가 길을 잃은 것 같아요.
Excuse me. I think I'm lost.

여기가 어디인가요?
Where are we now?

지도에서 제가 어디쯤 있나요?
Where am I on this map?

이 길이 시청 방향이 맞나요?
Is this the way to City Hall?

역으로 가는 길 좀 알려 주실래요?
Can you show me the way to the station?

센트럴파크 가는 길 좀 가르쳐 주실래요?
Could you tell me how to get to Central Park?

거리 · 시간

MP3와 해설강의를
들어보세요

여기서 얼마나 먼가요?
How far is it from here?

여기서 걸어서 갈 수 있나요?
Can I walk there from here?

걸어갈 만한 거리인가요?
Is it within walking distance?

걸어서 5분 정도 거리예요.
It's about a 5-minute walk.

걸어서 약 5분 걸립니다.
It takes about 5 minutes on foot.

여기서 가깝나요?
Is it near here?

그렇게 멀지 않아요.
It's not that far.

바로 근처에 있어요.
It's just around the corner.

택시를 타면 얼마나 걸리나요?
How long does it take by taxi?

여기서 차로 30분 걸려요.
It's a half hour drive from here.

저도 거기 가는 길이에요.
That's where I'm going.

저도 그쪽으로 가는 길이에요
I'm going in the same direction.

데려다 드릴게요.
Let me take you there.

길 묻기

MP3와 해설강의를
들어보세요

Which way is
the Eiffel Tower?
에펠탑은 어느 쪽인가요?

Go straight for
two blocks.
두 블록 직진하세요.

할리우드는 어느 쪽인가요?
Which way is Hollywood?

이 길을 따라 직진하세요.
Go straight along this street.

이 길로 두 블록 직진하세요.
Go down this street for two blocks.

여기서 세 블록 가시면 됩니다.
It's three blocks from here.

두 번째 신호등에서 우회전 하세요.
Turn right at the second light.

세 블록 가서 좌회전 하세요.
Go down three blocks and turn left.

은행 건너편에 있어요.
It's across from the bank.

길 바로 건너편에 있습니다.
It's right across the street.

왼쪽에 있어요.
It's on your left.

Tip	왼쪽	left
	오른쪽	right

스타벅스 반대편에 있어요.
It's on the opposite side of Starbucks.

금방 찾으실 겁니다.
You can't miss it.

저도 여기는 처음인데요.
I'm a stranger here myself.

첫 번째 신호등이 나올 때까지 곧장 가세요.
Go straight until you come to the first traffic light.

길 묻기 필수 표현

~에 어떻게 가요?

How can I get to + 장소?

How can I get to the museum?
박물관에 어떻게 가요?

How can I get to the subway station?
지하철역에 어떻게 가요?

How can I get to the Hilton Hotel?
힐튼 호텔에 어떻게 가요?

How can I get to the express bus terminal?
고속버스 터미널에 어떻게 가요?

~ 가는 길 좀 알려 주실래요?

Could you show me the way to + 장소?

Could you show me the way to City Hall?
시청 가는 길 좀 알려 주실래요?

Could you show me the way to Times Square?
타임즈 스퀘어 가는 길 좀 알려 주실래요?

Could you show me the way to Central Park?
센트럴파크 가는 길 좀 알려 주실래요?

Could you show me the way to this address?
이 주소 가는 길 좀 알려 주실래요?

이 방향이 ~로 가는 길이 맞나요?

Is this the right way to + 장소?

Is this the right way to Niagara Falls?
이 방향이 나이아가라 폭포로 가는 길이 맞나요?

Is this the right way to Queen Street?
이 방향이 퀸 스트리트로 가는 길이 맞나요?

Is this the right way to the art museum?
이 방향이 미술관으로 가는 길이 맞나요?

Is this the right way to the train station?
이 방향이 기차역으로 가는 길이 맞나요?

~로 가는 길이 어느 쪽인가요?

Which way is + 장소?

Which way is the South Tower?
사우스 타워로 가는 길이 어느 쪽인가요?

Which way is Hollywood?
할리우드로 가는 길이 어느 쪽인가요?

Which way is Main Street?
메인 스트리트로 가는 길이 어느 쪽인가요?

Which way is the amusement park?
놀이공원으로 가는 길이 어느 쪽인가요?

여행상품 문의

MP3와 해설강의를
들어보세요

Which tour do you recommend?
어떤 투어 상품을 추천하시나요?

How about a bus tour around the city?
시내 버스 투어는 어떠세요?

어떤 투어 상품들이 있나요?
What kind of tours do you have?

야간 관광이 있나요?
Do you have a night tour?

시내 투어가 있나요?
Do you have any city tours?

일일 관광 상품이 있나요?
Do you have a one-day tour?

반일 관광 상품 있나요?
Do you have a half-day tour?

추천하실 만한 게 있나요?
Do you have any recommendations?

투어는 몇 시에 시작하나요?
When does the tour begin?

어디에서 출발하나요?
Where does it start?

투어는 얼마나 걸리나요?
How long is the tour?

예약을 해야 하나요?
Do I need a reservation?

버스 투어를 예약하고 싶어요.
I'd like to book a bus tour.

가이드 투어가 있나요?
Do you have a guided tour?

한국어 가능한 가이드가 있나요?
Do you have a Korean-speaking guide?

관광지 정보

MP3와 해설강의를
들어보세요

> **What's the most popular tourist attraction?**
> 가장 인기 있는 관광지가 어디예요?

> **Have you checked out the history museum?**
> 역사 박물관에 가 보셨어요?

관광 안내소는 어디 있나요?
Where is the tourist information center?

관광 안내 좀 받을 수 있을까요?
Can I get some information, please?

관광 지도 있나요?
Do you have a tourist map?

이 지도에 표시를 해 주실래요?
Will you mark it on this map?

당일치기로 갈 수 있는 곳은 어디인가요?
Where can I go for a day trip?

구경하기 가장 좋은 곳이 어디죠?
What's the best place to see?

꼭 가봐야 할 곳이 어디예요?
What's the best place to visit?

경치 좋은 곳을 아시나요?
Do you know a place with a nice view?

쇼핑하기 좋은 장소는 어딘가요?
Where is a good place for shopping?

길 좀 알려 주실래요?
Could you give us some directions?

거기 걸어갈 수 있나요?
Can I go there on foot?

도보로 갈 수 있습니다.
You can go there on foot.

저기에서 버스 타시면 됩니다.
You can catch a bus over there.

관광지 입구

MP3와 해설강의를
들어보세요

> **Two adults and one child, please.**
> 어른 둘에 아이 하나입니다.

> **It's free for children under 3.**
> 3세 이하 유아는 무료입니다.

입장료가 있나요?
Is there an entrance fee?

입장료는 유료인가요?
Is there a charge for admission?

티켓은 어디서 사나요?
Where can I buy a ticket?

매표소는 어디인가요?
Where is the ticket counter?

표는 얼마인가요?
How much is the ticket?

입장료는 얼마예요?
How much is admission?

입장료는 얼마인가요?
How much is the admission fee?

성인 입장료는 얼마예요?
What's the admission fee for adults?

어린이 요금은 얼마예요?
How much is it for children?

어른 두 장 주세요.
Two adults, please.

어른 표 두 장 주세요.
Two ticket for adults, please.

이거 무슨 줄인가요?
What is this line for?

실례지만, 줄 서고 계신 건가요?
Excuse me, are you in line?

공연장 입구

MP3와 해설강의를
들어보세요

Can I get a ticket now?
지금 표를 구할 수 있나요?

Sorry, we're sold out tonight.
죄송한데, 오늘 밤 공연은 매진입니다.

지금 뭐가 상영 중인가요?
What's playing now?

오늘 밤에 뭘 상영하나요?
What's on tonight?

시간표를 좀 받을 수 있나요?
Can I have a timetable?

190

가장 인기 있는 공연이 뭐죠?
What's the most popular show?

남은 좌석이 있나요?
Are there any seats left?

5시 공연 표 세 장 주세요.
Three tickets for the 5 o'clock show.

어른 둘에 청소년 둘이요.
Two adults and two youth.

유모차 대여 되나요?
Can I rent a stroller?

오디오 가이드 대여할 수 있나요?
Can I rent an audio guide?

무료 브로슈어 있나요?
Do you have a free brochure?

학생 할인이 되나요?
Do you have a student discount?

온라인으로 예매했어요.
I have booked online.

몇 시부터 입장할 수 있어요?
What time can I get in?

공연 정보 묻기

MP3와 해설강의를
들어보세요

When does
the show start?
공연 언제 시작하나요?

It starts in
30 minutes.
30분 후에 시작해요.

공연은 얼마나 오래 하죠?
How long does the show run?

공연 시간은 얼마나 되나요?
How long is the show time?

공연은 2시간 정도 합니다.
It runs for about 2 hours.

몇 시에 시작하나요?
What time does it start?

몇 시에 끝나요?
What time does it end?

다음 공연은 몇 시에 있나요?
What time is the next show?

쉬는 시간은 얼마나 되나요?
How long is the intermission?

영화는 얼마 동안 상영되나요?
How long does the movie run?

누가 출연하나요?
Who's in it?

누가 주연인가요?
Who stars in it?

매점은 어디에 있나요?
Where is the concession stand?

음료수 파는 곳은 어디인가요?
Where can I get beverages?

기념품은 어디에서 살 수 있어요?
Where can I buy some souvenirs?

공연장 안에서

MP3와 해설강의를
들어보세요

Where can I leave my bag?
가방 맡기는 데가 어디죠?

You can check your bag over there.
저쪽에 맡기시면 됩니다.

여기 자리 있나요?
Is this seat taken?

여기 자리 주인 있나요?
Is anyone sitting here?

여긴 제 자리인 것 같은데요.
I'm afraid this is my seat.

이 근처에 물품 보관소가 있나요?
Are there any lockers around here?

가방을 어디에 맡길 수 있나요?
Where can I check my bag?

잠시 제 자리 좀 맡아 주실래요?
Can you save my place for a minute?

여기 자리 좀 봐 주실래요?
Can you save this seat for me?

저와 자리 좀 바꿔 줄 수 있나요?
Can you change seats with me?

옆 좌석으로 옮겨 줄 수 있나요?
Can you move to the next seat?

가방 좀 치워 줄 수 있나요?
Can you move your bag?

제 좌석을 발로 차지 마세요.
Please stop kicking my seat.

입구는 어디 있어요?
Where is the entrance?

출구는 어디 있어요?
Where is the exit?

사진 촬영 I

MP3와 해설강의를
들어보세요

> **Let's take a picture together.**
> 우리 함께 사진 찍어요.

> **Are you ready? Say "Cheese!"**
> 준비됐나요? 자, 웃으세요.

제 사진 좀 찍어 주실래요?
Can you take a picture of me?

저희 사진 좀 찍어 주실래요?
Can you take a picture for us?

이 버튼만 누르면 됩니다.
Just press this button.

한 장 더 찍어 주실 수 있나요?
Can you take one more shot?

한 장 더 부탁해요.
One more, please.

한 장 더 찍을게요.
Let me take one more.

단체 사진 찍읍시다.
Let's take a group photo.

가까이 모여 주세요.
Get closer together.

저랑 사진 한 장 같이 찍으시겠어요?
Will you take a picture with me?

당신과 같이 사진 좀 찍어도 될까요?
Can I take a picture with you?

제 휴대폰으로 좀 찍어 주시겠어요?
Will you take one with my cell phone?

사진 촬영 Ⅱ

MP3와 해설강의를
들어보세요

> **Do you want me to take a picture of you?**
> 사진 한 장 찍어 드릴까요?

> **Thanks. Can you get that in the background?**
> 감사해요. 저 배경이 나오게 찍어 주실래요?

배경에 폭포가 나오게 해 주시겠어요?
Can you get the falls in the background?

좀 멀리서 찍어 주실래요?
Can you take it at a distance?

인물 중심으로 찍어 주세요.
Please focus on my face.

준비됐어요. 찍으세요.
I'm ready. Go ahead.

우측으로 조금만 가 주세요.
Move a little to the right.

뒤로 한 발 물러서 주세요.
Go back one step.

줌은 어떻게 해요?
How do you zoom?

여기서 사진 좀 찍어도 되나요?
Can I take some pictures here?

여기서 사진 찍으시면 안 됩니다.
You are not allowed to take pictures here.

플래시를 터뜨리지 마세요.
Don't turn on the flash.

비디오 촬영을 해도 되나요?
May I take a video?

배터리가 거의 방전됐어요.
My battery is almost dead.

사진에 대해

MP3와 해설강의를
들어보세요

> You look great in this picture.
> 너 사진 잘 나왔다.

> Thanks. I love it.
> 고마워. 난 그 사진이 좋아.

사진 잘 나왔어요?
Did they come out all right?

사진이 참 잘 나왔어요.
This photo came out very well.

사진 참 잘 받으시네요.
You're very photogenic.

저는 사진이 잘 안 받아요.

I look terrible in pictures.

실물이 더 나으세요.

You look better in person.

실물이 훨씬 더 나으세요.

You look much better in real life.

사진이 실물보다 더 나아요.

You look better than in real life.

죄송한데, 전 사진 찍는 걸 싫어해요.

I'm sorry, but I'm camera-shy.

전 사진 찍는 거 싫어해요.

I don't like being photographed.

사진이 흔들렸어요.

The picture is blurry.

사진 초점이 안 맞았어요.

The picture is out of focus.

Tip 주의 표지판

이쪽으로	This Way	머리 조심	Watch Your Head
정숙	Quiet Please	금연 구역	Non-Smoking Area
올라가지 마시오	Do Not Climb	만지지 마시오	Do Not Touch
들어가지 마시오	No Entry	나가는 길	Way Out
촬영 금지	No Pictures	관계자 외 출입 금지	Authorized Personnel Only

PART 6

음식·음료
주문하기

reservation
예약
(make a reservation 예약하다)

book a table
테이블을 예약하다

confirm
확인하다

cancel
취소하다

expect
(사람을) 기다리다

table for two
2인용 자리

menu
메뉴

lunch special
점심 특선

wet tissue
물티슈

napkin
냅킨

leftovers 남은 음식	**doggy bag** 남은 음식 싸 가는 봉지
clear the table 테이블을 정리하다	**rare** 덜 익힌
medium 중간 정도 익힌	**well-done** 완전히 익힌
tough (고기가) 질긴	**tender** (고기가) 연한
undercooked 덜 익은	**overcooked** 너무 익은

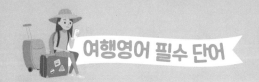
fork
포크

spoon
숟가락

plate
접시

dessert
후식

skip dessert
후식을 생략하다

combo menu
세트 메뉴

hamburger
햄버거

Coke
콜라

pickle
피클

onion
양파

sauce
소스

mayo
마요네즈

whipped cream
휘핑 크림

refill
리필

bottled beer
병맥주

draft (beer)
생맥주

on the rocks
얼음을 넣은

check
계산서
(= bill)

예약 문의

MP3와 해설강의를
들어보세요

Can I book a table for three at 6?
저녁 6시에 3인석 예약할 수 있나요?

Can I have your name, please?
성함을 알려 주시겠습니까?

RESERVED

2인석 예약하고 싶어요.
I'd like to book a table for two.

7시에 테이블을 예약하고 싶어요.
I'd like to book a table at 7.

5명으로 예약하고 싶습니다.
I'd like to make a reservation for five.

저녁 6시 30분에 5명 자리 있을까요?
Do you have a table for five at 6:30?

8시에 두 명 예약하고 싶어요.
I'd like to book a table for two at 8.

몇 분이신가요?
For how many, ma'am?

몇 분이세요?
How many in your party?

오후 2시에 5명입니다.
Five people at 2 p.m.

어른 2명, 아이 2명입니다.
Two adults and two children.

어른 2명, 아이 1명입니다.
Two adults and one child.

저희 4명이에요.
There are four of us.

저 포함해서 4명입니다.
There are four including me.

좌석 예약

MP3와 해설강의를
들어보세요

I'd like to reserve
a table for tonight.
오늘 저녁에 자리를 예약하고 싶습니다.

I'm sorry, but
we're fully booked.
죄송하지만, 예약이 다 끝났습니다.

몇 시에 오실 건가요?
What time will you come?

언제 도착하실 건가요?
What time will you be arriving?

오늘 저녁은 예약이 꽉 찼습니다.
We're fully booked for tonight.

오늘 저녁은 예약이 다 찼습니다.
We're booked up for tonight.

그 시간에는 예약이 꽉 찼습니다.
We're fully booked at that time.

지금은 빈자리가 없습니다.
I'm afraid we're full now.

모든 자리가 예약되었습니다.
All seats are reserved.

기다리시겠습니까?
Would you like to wait?

최소 20분 정도 대기하셔야 합니다.
You should wait at least 20 minutes.

예약한 것을 확인하고 싶습니다.
I'd like to confirm my reservation.

예약을 변경하고 싶어요.
I want to change my reservation.

예약을 취소해야 할 것 같아요.
I'm afraid I have to cancel my reservation.

예약 날짜를 변경하고 싶어요.
I'd like to reschedule my reservation.

음식점 도착

MP3와 해설강의를
들어보세요

Do you have
a reservation?
예약하셨습니까?

I made
a reservation for five.
다섯 명 예약했습니다.

7시에 예약을 했어요.
We have a reservation at 7.

성함이 어떻게 되세요?
May I have your name, please?

이쪽으로 오십시오.
Please come this way.

고객님 테이블로 안내해 드리겠습니다.
Let me show you to your table.

예약 안 했는데요.
We don't have a reservation.

예약은 안 했어요.
I didn't make a reservation.

두 사람 자리 있나요?
Do you have a table for two?

세 사람 자리 부탁합니다.
Table for three, please.

창가 자리로 주시겠어요?
Can I have a table by the window?

창가 옆 자리로 주세요.
I'd like to sit by the window.

기다리시면 자리를 안내해 드리겠습니다.
Please wait to be seated.

테이블 좀 붙여 주실래요?
Can you put these tables together?

다른 자리로 옮길 수 있나요?
Can we move to a different table?

DAY 077
주문 준비

MP3와 해설강의를
들어보세요

Menu

Starter
Goat Cheese Salad
Tuscan Garden Salad

Main
Salmon with Lemon and Butter Sauce
Baby Rack of Lamb
with Fresh Herbs and Spices

Dessert
White Chocolate Cheesecake
Passion Fruit Cake

**Can you wait
for a minute?**
잠시만 기다려 주실래요?

**Are you ready
to order?**
주문하시겠어요?

메뉴판 주세요.
Menu, please.

....

메뉴판 좀 주실래요?
Can I have the menu, please?

Tip have 대신 see를 써도
같은 의미입니다.

....

주문하시겠어요?
Can I take your order?

지금 주문하시겠어요?
Would you like to order now?

아직 주문할 준비가 안 됐어요.
I'm not ready to order.

잠깐만 기다려 주세요.
We need a little more time.

잠시 시간을 주세요.
We need a few more minutes.

아직 결정 못 했어요.
We haven't decided yet.

천천히 보세요. 다시 올게요.
Take your time. I'll come back.

주문 받아 주세요.
We are ready to order.

누가 더 오실 건가요?
Are you waiting for someone?

세 명이 더 올 겁니다.
We're expecting three more people.

다른 사람도 올 겁니다.
I'm waiting for someone else.

여기는 뭘 잘하죠?
What's good here?

여기서 잘하는 요리가 뭔가요?
What's your specialty here?

뭘 추천해 주시겠어요?
What do you recommend?

추천해 주실 메뉴가 있으신가요?
Do you have any suggestions?

Tip 추천 recommendation
suggestion

오늘의 특선 요리는 뭔가요?
What's today's special?

점심 특선 메뉴가 있나요?
Do you have a lunch special?

이 지역 명물 음식이 뭔가요?
What's the best local food?

가장 빨리 되는 요리가 뭔가요?
What's the fastest meal?

이것 좀 설명해 주시겠어요?
Would you explain this one?

이것은 무슨 요리인가요?
What kind of dish is this?

저 손님들이 드시는 게 뭐죠?
What's that dish over there?

주재료가 뭔가요?
What's the main ingredient?

217

음식 주문

MP3와 해설강의를
들어보세요

> **What would you like?**
> 어떤 걸로 드시겠어요?

> **I'd like
> seafood spaghetti.**
> 해산물 스파게티 주세요.

🔊 어떤 걸로 드시겠습니까?
What would you like to have?

뭘 주문해야 할지 모르겠어요.
I don't know what to order.

좋아요, 그걸로 주세요.
OK, I'll have that.

이걸로 할게요.
I'll take this one.

저도 같은 걸로 할게요.
I'll have the same.

저도 그걸로 주세요.
Make it two, please.

저 사람들이 먹는 걸로 주세요.
I'll have what they're having.

현지 요리를 먹고 싶어요.
I'd like to have some local food.

음료도 필요하세요?
Anything to drink?

더 필요한 거 있으세요?
Anything else?

다 주문하신 건가요?
Will that be all?

지금은 그걸로 됐어요.
That's all for now.

여행지 대표 음식

steak 미국
스테이크

hamburger 미국
햄버거

hot dog 미국
핫도그

taco 멕시코
타코

fish and chips 영국
피쉬 앤 칩스

English breakfast 영국
잉글리시 브랙퍼스트

pizza 이탈리아
피자

pasta 이탈리아
파스타

Gyros 그리스
기로스

Moussaka 그리스
무사카

Currywurst 독일
커리부어스트

Escargot 프랑스
에스카르고

fondue 스위스
퐁듀

meat pie 호주
미트파이

Schnitzel 오스트리아
슈니첼

Paella 스페인
파에야

DAY 080

주문한 후에

MP3와 해설강의를
들어보세요

I don't think I ordered this.
이건 주문 안 한 것 같은데요.

This is on the house.
이건 서비스입니다.

제가 주문한 거 어떻게 된 거죠?
What happened to my order?

주문한 음식이 아직 안 나왔어요.
My order hasn't come yet.

얼마나 더 기다려야 하나요?
How much longer is the wait?

빨리 좀 부탁합니다.
Please rush my order.

🗣 주문하셨나요?
Have you been helped?

30분째 기다리고 있어요.
We've been waiting for 30 minutes.

🗣 기다리시게 해서 죄송합니다.
Sorry to keep you waiting.

🗣 약 20분 정도 기다리실 수 있나요?
Can you wait for about 20 minutes?

매니저를 좀 불러 주시겠어요?
Can I speak with the manager, please?

이거 주문 안 했는데요.
I didn't order this.

제가 주문한 게 아닌데요.
This is not what I ordered.

주문을 바꿔도 되나요?
Can I change my order?

테이블 좀 정리해 주실래요?
Could you clear the table, please?

추가 요청

MP3와 해설강의를
들어보세요

Can I have an extra plate, please?
접시 하나 더 갖다 주실래요?

Sure, here you are.
네, 여기 있습니다.

물 좀 더 주실래요?
Can I have some more water, please?

물 좀 더 주세요.
More water, please.

Tip	물	water	포크	fork
	물티슈	wet tissue	스푼	spoon
	냅킨	napkin	접시	plate

물티슈 좀 주실래요?
Can I get some wet tissues?

포크를 떨어뜨렸어요.
I dropped my fork.

숟가락을 떨어뜨렸어요.
I dropped my spoon.

새로 갖다 주실래요?
Can I get a new one?

하나 더 갖다 주실래요?
Can I have another one?

앞 접시 좀 주실래요?
Can I have a small plate?

접시 두 개 더 주실래요?
Can I have two extra plates?

소스 좀 더 주실래요?
Can I have more sauce?

냅킨 좀 주실래요?
Can I have some napkins?

접시 좀 치워 주실래요?
Could you take the dishes away?

아기 의자 좀 갖다 주실래요?
Can we have a high chair?

스테이크 주문

MP3와 해설강의를
들어보세요

How would you like your steak?
스테이크는 얼마나 익혀 드릴까요?

Medium, please.
중간 정도로 익혀 주세요.

well-done
바싹 익힘

medium
중간 정도로 익힘

medium rare
조금 덜 익힘

rare
덜 익힘

티본 스테이크 주문할게요.
I'll have a T-bone steak.

바싹 익혀 주세요.
Well-done, please.

고기가 덜 익었어요.
It's still pink.

너무 질겨요.
It's too tough.

매우 연해요.
It's very tender.

덜 익었어요.
It's undercooked.

너무 익었어요.
It's overcooked.

좀 덜 익은 것 같아요.
It's not cooked enough.

충분히 데워지지 않았어요.
It's not warm enough.

다시 만들어 드리겠습니다.
We'll make another one right away.

후식 주문

MP3와 해설강의를
들어보세요

Would you like
some dessert?
디저트 드시겠어요?

I think
I'll pass dessert.
디저트는 안 먹을래요.

다 드셨나요?
Are you finished?

디저트 드시겠어요?
Would you care for some dessert?

디저트 좀 주세요.
I'd like some dessert, please.

228

🗣️ 후식은 뭐로 하시겠어요?
What would you like for dessert?

뭐가 있는데요?
What do you have?

후식은 뭐가 있나요?
What do you have for dessert?

커피로 주세요.
I'd like some coffee, please.

아이스크림으로 주세요.
I'll have some ice cream, please.

커피 좀 더 주시겠어요?
I'd like more coffee, please.

디저트는 생략할게요.
I think I'll skip dessert.

감사하지만 사양할게요.
Thanks, but I'll pass.

아뇨, 괜찮습니다.
No, thank you.

계산하기

MP3와 해설강의을
들어보세요

> Let's split the bill.
> 나눠서 계산합시다.

> How much is my share?
> 제가 부담할 금액은 얼마죠?

계산서 주세요.
Check, please.

> **Tip** Bill, please.라고 말해도 같은 의미이다.

계산서 좀 갖다 주세요.
I'd like the bill, please.

계산서 좀 부탁합니다.
Can I have the check, please?

같이 계산해 주세요.
All together, please.

전부 얼마죠?
How much is it altogether?

다 합해서 50달러입니다.
Your total comes to $50.

35달러 20센트 나왔습니다.
That'll be $35.20.

각자 따로 계산할게요.
Separate checks, please.

신용카드 받으시나요?
Do you take credit cards?

여기 있습니다.
Here you go.

여기 서명해 주시겠어요?
Can you sign here?

영수증 주시겠어요?
Can I have a receipt?

포장·계산 오류

MP3와 해설강의를
들어보세요

Can I have
a doggy bag, please?
남은 음식 좀 싸 주실래요?

I'll have that ready
in a minute.
금방 준비해 드리겠습니다.

이것 좀 싸 주실래요?
Can you wrap this up, please?

남은 음식 좀 싸 주실래요?
Can I have a doggy bag, please?

이것 좀 싸 주실래요?
Doggy bag, please.

따로따로 싸 주세요.
Please pack them separately.

계산서가 잘못된 것 같아요.
There seems to be a mistake.

계산서가 잘못되었어요.
There is a mistake in the bill.

계산서가 틀린 것 같아요.
I'm afraid the check is wrong.

이것은 무슨 금액이죠?
What's this amount for?

잔돈을 잘못 받은 것 같아요.
I think I got the wrong change.

거스름돈을 잘못 주신 것 같아요.
I'm afraid you gave me the wrong change.

팁이 포함되어 있나요?
Is the tip included?

팁이 포함된 가격인가요?
Does this include the tip?

세금이 포함된 가격인가요?
Does the price include tax?

패스트푸드 I

MP3와 해설강의를
들어보세요

For here or to go?
여기서 드실 건가요, 가져가실 건가요?

To go, please.
가져갈 겁니다.

🔊 주문하시겠어요?
Can I take your order?

....

2번 세트 주세요.
Combo number 2, please.

....

3번 세트 주세요.
I'll have the combo number 3, please.

햄버거와 감자튀김 주세요.
I'll have a burger and fries.

가져가실 건가요?
Do you want it to go?

포장해 갈게요.
I want it to go, please.

여기서 먹을 겁니다.
For here, please.

여기서 먹을 거예요.
I'll have it here.

포장이 되나요?
Can I get that to go?

4번 세트 포장해 주세요.
Combo number 4 to go, please.

햄버거 두 개 포장해 주세요.
Two hamburgers to go, please.

어느 사이즈로 하실래요?
Which size would you like?

큰 걸로 주세요.
Large, please.

Tip		
큰	large
중간의	medium
작은	small

마요네즈는 조금만 넣어 주세요.
Take it easy on the mayo.

양파는 조금만 넣으세요.
Go easy on the onions.

마요네즈는 빼 주세요.
Hold the mayo, please.

피클은 빼 주세요.
Hold the pickles, please.

얼음은 넣지 마세요.
No ice, please.

머스터드 소스는 넣지 마세요.
No mustard, please.

반으로 잘라 주실래요?
Can you cut it in half, please?

따로따로 싸 주세요.
Please pack them separately.

얼음 없이 콜라 하나 주세요.
I'll have a Coke with no ice.

빨대는 어디 있나요?
Where are the straws?

리필 되나요?
Can I get a refill?

커피 무료 리필 되나요?
Do you have free refills on coffee?

DAY 088

음식 맛 표현

MP3와 해설강의를
들어보세요

Would you like to taste this?
이거 맛좀 보실래요?

Let's see. It's too sweet.
어디 보자. 너무 달아요.

좀 덜 짜게 해 주세요.
Not too salty, please.

좀 덜 맵게 해 주세요.
Not too spicy, please.

조금 덜 맵게 해 주세요.
Please make it less spicy.

238

냄새가 좋네요.
It smells good.

맛있어 보여요.
It looks good.

맛 좀 볼래요?
Do you want to try?

맛이 너무 좋아요.
It tastes so good.

맛없어요.
It tastes bad.

맛이 이상해요.
It tastes funny.

싱거워요.
It's bland.

너무 짜요.
It's too salty.

너무 느끼해요.
It's too greasy.

(국물이) 정말 시원해요.
This really hits the spot.

커피숍에서 I

MP3와 해설강의를
들어보세요

Can I take
your order?
주문하시겠어요?

I'd like to have
an americano.
아메리카노 한 잔 주세요.

뭐로 드릴까요?
What would you like?

어떤 걸로 드릴까요?
What can I get for you?

따뜻한 아메리카노 주세요.
One hot americano, please.

캐러멜마키아토 한 잔 주세요.
I'll have a caramel macchiato.

아이스 아메리카노 한 잔 주세요.
One iced americano, please.

카푸치노 한 잔 주세요.
One cappuccino, please.

따뜻하게 드릴까요, 차갑게 드릴까요?
Hot or iced?

따뜻한 걸로 주세요.
Hot, please.

사이즈는 어떤 걸로 하시겠어요?
What size do you want?

작은 걸로 주세요.
Make it small, please.

Tip			
숏	short	스몰	small
톨	tall	레귤러	regular
그란데	grande	라지	large

제일 작은 거 주세요.
I'll have the smallest one.

제일 큰 거 주세요.
I'll have the biggest one.

샷 하나 더 추가해 주세요.
Please add one more shot.

커피숍에서 II

MP3와 해설강의를
들어보세요

Do you want whipped cream on top?
휘핑 크림 올려 드릴까요?

Go easy on the foam, please.
거품은 조금만 얹어 주세요.

아메리카노 톨 사이즈요, 가져갈게요.
A tall americano to go, please.

아이스 아메리카노 한 잔이요, 여기서 마실게요.
One iced americano for here, please.

아이스 아메리카노 두 잔 가져갈게요.
Two iced americanos to go, please.

카페 모카 한 잔 갖고 갈 거예요.

I'd like a caffe mocha to go, please.

카푸치노 작은 거 한 잔 갖고 갈 거예요.

One small cappuccino to go, please.

크림이나 설탕 넣어 드릴까요?

Would you like cream or sugar in your coffee?

크림이랑 설탕 넣어 주세요.

With cream and sugar, please.

설탕만 넣어 주세요.

With sugar only, please.

휘핑 크림 올려 드릴까요?

Do you want some whipped cream on it?

휘핑 크림은 빼 주세요.

No whipped cream, please.

휘핑 크림 많이 주세요.

A lot of whipped cream, please.

음료는 저쪽 편에서 준비될 겁니다.

Your drink will be ready on the other side.

블루베리 머핀 하나 추가할게요.

I'd like to add a blueberry muffin.

커피 주문하기

Can I take your order?
주문하시겠어요?

Can I have a hot caffe americano, please?
따뜻한 카페 아메리카노 한 잔 주세요.

What size do you want?
사이즈는 어떤 걸로 하시겠어요?

Tall size, please.
톨 사이즈 주세요.

For here or to go?
여기서 드세요, 아니면 가져가실 건가요?

To go, please.
가지고 갈 겁니다.

커피 메뉴판

Americano
아메리카노

Espresso
에스프레소

Iced Coffee
아이스 커피

Caffe Latte
카페 라테

Cappuccino
카푸치노

Caffe Mocha
카페 모카

Vanilla Latte
바닐라 라테

Caramel Macchiato
카라멜 마키아토

맥주집에서

MP3와 해설강의를
들어보세요

어떤 걸로 드릴까요?
What would you like?

어떤 맥주가 있나요?
What kind of beers do you have?

생맥주는 어떤 종류가 있나요?
What do you have on tap?

버드와이저, 밀러 그리고 기네스가 있습니다.
We have Budweiser, Miller and Guinness.

병맥주 있나요?
Do you have any bottled beer?

하이네켄 있나요?
Do you have Heineken?

가장 좋아하는 맥주가 뭔가요?
What's your favorite beer?

산미구엘 마실게요.
I'll have a San Miguel.

기네스 한 잔 주세요.
A pint of Guinness, please.

한 병에 얼마죠?
How much is a bottle?

생맥주 한 잔 주세요.
A draft beer, please.

생맥주 두 잔 주세요.
Two drafts of beer, please.

가벼운 술로 할게요.
I'd like a light alcohol.

DAY 092

와인바에서

MP3와 해설강의를
들어보세요

What would you
like to drink?
어떤 술로 하시겠어요?

Show me
the wine list, please.
와인 목록 좀 보여 주세요.

와인은 어떤 종류가 있나요?
What kind of wines do you have?

인기 있는 와인 좀 추천해 주실래요?
Can you recommend a popular wine?

단맛이 나는 게 있나요?
Do you have anything sweet?

레드와인 한 잔 주세요.

A glass of red wine, please.

이 요리에는 어떤 와인이 어울리나요?

Which wine goes with this dish?

잔으로 주문되나요?

Can I order it by the glass?

와인 한 잔 주세요.

I'd like a glass of wine.

이걸로 할게요.

I'll take this one.

스카치위스키 한 잔 주세요.

Give me a Scotch, please.

얼음 넣어서 주세요.

On the rocks, please.

얼음에다 위스키 한 잔 주세요.

I'd like a whisky on the rocks.

얼음 넣은 위스키 한 잔 주세요.

Give me a whisky on the rocks.

위하여!

Cheers!

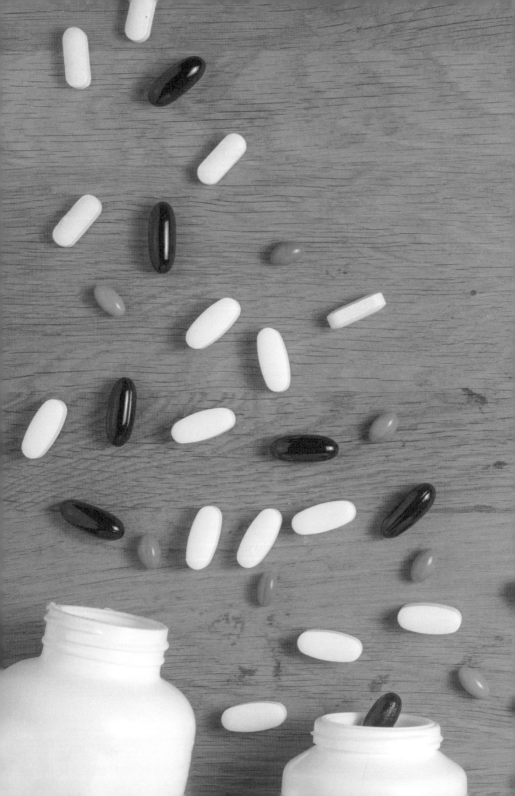

PART 7

긴급 상황
대처하기

patient 환자	**symptom** 증상
in bad shape 컨디션이 안 좋은 (= in bad condition)	**feel heavy** 답답하다
throw up 토하다	**hurt** 다치다, 통증을 느끼다
stiff 뻣뻣한, 뻐근한	**fever** 열
temperature 체온	**flu** 독감

headache 두통	**runny nose** 콧물
cough 기침	**sore throat** 인후통
indigestion 소화 불량	**diarrhea** 설사
medicine 약 (= medication)	**pill** 알약
painkiller 진통제	**Band-Aid** 일회용 반창고

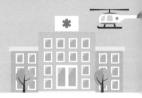
pickpocket
소매치기

lost-and-found
분실물 보관소

lose
~을 잃어버리다
(**lost** 잃어버렸다)

leave
~을 남겨두다
(**left** ~을 놓고 왔다)

police station
경찰서

Korean embassy
한국 대사관

reissue
재발행하다

passport
여권

wallet
지갑

baggage
짐

DAY 093

몸이 안 좋을 때

MP3와 해설강의를
들어보세요

> **I'm not feeling well.**
> 몸이 안 좋아요.

> **Go get some rest.**
> 가서 좀 쉬세요.

컨디션이 안 좋아요.
I'm in bad shape.

소화가 안 돼요.
I have indigestion.

속이 좀 거북해요
My stomach feels heavy.

머리가 무거워요.
My head feels heavy.

가슴이 답답해요.
My chest feels heavy.

가슴이 답답해요.
I feel heavy in the chest.

어지러워요.
I feel dizzy.

속이 매스꺼워요.
I feel sick.

식욕이 없어요.
I have no appetite.

속이 울렁거려요.
I feel nauseous.

토할 것 같아요.
I feel like throwing up.

토할 것 같아요.
I think I'm going to vomit.

너무 많이 먹은 것 같아요.
I think I ate too much.

감기 증상

MP3와 해설강의를
들어보세요

> **I cough a lot.**
> 기침을 많이 해요.

> **Try this medicine.**
> 이 약을 드셔 보세요.

감기에 걸린 것 같아요.
I think I have a cold.

감기 기운이 있는 것 같아요.
I think I'm coming down with a cold.

오한이 나요.
I have the chills.

독감에 걸린 것 같아요.
I think I have the flu.

목이 아파요.
I have a sore throat.

콧물이 나와요.
I have a runny nose.

코가 막혔어요.
I have a stuffy nose.

기침이 계속 나요.
I keep coughing.

기침이 심해요.
I have a bad cough.

기침과 열이 나요.
I have a cough and a fever.

기침을 하고 콧물이 나요.
I have a cough and a runny nose.

침을 삼킬 때 목이 아파요.
My throat hurts when I swallow.

편도가 부은 것 같아요.
I think my tonsils are swollen.

약국에서

MP3와 해설강의를
들어보세요

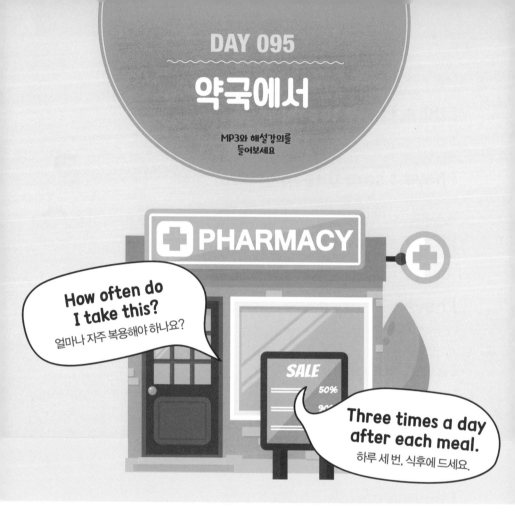

How often do I take this?
얼마나 자주 복용해야 하나요?

Three times a day after each meal.
하루 세 번, 식후에 드세요.

이 처방전대로 약을 지어 주실래요?
Can you fill this prescription?

처방전 가져오셨나요?
Do you have the prescription?

이 약은 어떻게 먹나요?
How should I take this medicine?

감기약 좀 구입하려는데요.
Can I get some cold medicine?

감기약 있나요?
Do you have anything for a cold?

두통에 먹는 약 있어요?
Do you have anything for a headache?

진통제 있나요?
Do you have any painkillers?

소화제 좀 주세요.
I'd like something for indigestion.

소화제 좀 살 수 있나요?
Can I get some digestive medicine?

멀미에 듣는 약 좀 주세요.
I need something for motion sickness.

생리대 있나요?
Do you carry sanitary napkins?

일회용 반창고 있나요?
Do you have a Band-Aid?

병원에서

MP3와 해설강의를
들어보세요

> **What seems to be the problem?**
> 어디가 아프신가요?

> **I have a bad stomachache.**
> 배가 너무 아파요.

진료 예약을 하고 싶습니다.
I'd like to make an appointment.

진료를 받고 싶어요.
I'd like to see a doctor.

🗣 지금 다른 환자를 보고 계십니다.
He is seeing another patient.

이번이 첫 방문입니다
This is my first visit.

얼마나 기다려야 하나요?
How long do I have to wait?

증상이 어떠세요?
What are your symptoms?

그 상태가 얼마나 계속되었나요?
How long have you been that way?

이틀 정도 되었어요.
It's been about two days.

체온을 재 보겠습니다.
Let me check your temperature.

> 체온 temperature
> 혈압 blood pressure

전에도 이랬던 적 있었나요?
Have you had this before?

알레르기 같은 거 있으세요?
Do you have any allergies?

복용하고 계시는 약이 있나요?
Are you taking any medication?

신체 증상

MP3와 해설강의를
들어보세요

> I've had diarrhea for days.
> 며칠 동안 설사를 하고 있어요.

> This medication will help you.
> 이 약이 효과가 있을 거예요.

열이 좀 있어요.
I have a slight fever.

설사를 합니다.
I have diarrhea.

배탈이 났어요.
I've got the runs.

목이 뻐근해요
My neck is stiff.

눈이 간지러워요.
My eyes are itchy.

재채기가 멈추지 않아요.
I can't stop sneezing.

팔에 발진이 생겼어요.
I have a rash on my arm.

온몸에 멍이 들었어요.
I'm black and blue all over.

발목을 삐었어요.
I sprained my ankle.

침이 잘 안 넘어가요.
I have trouble swallowing.

다리가 저려요.
My legs fell asleep.

다리에 쥐가 났어요.
I've got a cramp in my legs.

벌레에 물렸어요.
I have a bug bite.

통증 표현

MP3와 해설강의를
들어보세요

> **Let me take a look. Does this hurt?**
> 어디 한번 봅시다. 여기가 아파요?

> **I sprained my ankle. It really hurts.**
> 발목을 삐었어요. 너무 아파요.

머리가 너무 아파요.
I have a terrible headache.

머리가 빙빙 돌아요.
My head is spinning.

배가 아파요.
My stomach hurts.

배탈이 났어요.

I have an upset stomach.

배가 쑤시듯이 아파요.

I have a sharp pain in my stomach.

몸살이 났어요.

I ache all over.

목을 거의 움직일 수가 없어요.

I can barely move my neck.

이가 많이 아파요.

I have a bad toothache.

허리를 다쳤어요.

I hurt my back.

허리가 아파요.

My back hurts.

허리가 너무 아파요.

My back is killing me.

이 근처가 아파요.

It hurts around here.

분실했을 때

MP3와 해설강의를
들어보세요

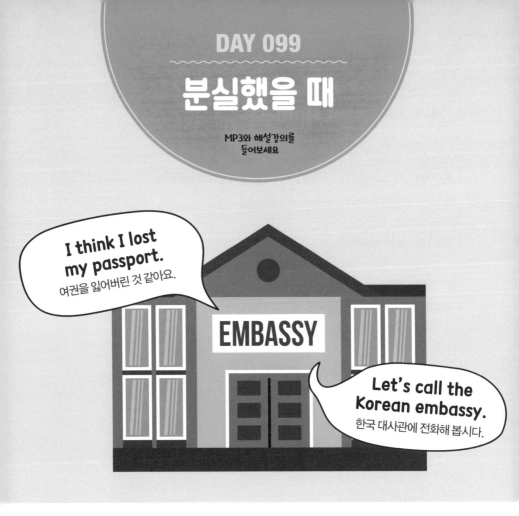

I think I lost
my passport.
여권을 잃어버린 것 같아요.

EMBASSY

Let's call the
Korean embassy.
한국 대사관에 전화해 봅시다.

대한민국 대사관에 방문하세요.
You should visit the Korean embassy.

여권을 재발급해 주세요.
Please reissue my passport.

재발급해 주세요.
I want to have it reissued.

여권 재발행할 때 무엇이 필요한가요?
What do I need to reissue my passport?

지갑을 잃어버린 것 같아요.
I think I lost my wallet.

열차에 가방을 두고 내렸어요.
I left my bag on the train.

택시에 지갑을 두고 내렸어요.
I left my wallet in a taxi.

어디서도 찾을 수가 없어요.
I can't find it anywhere.

분실물 보관소는 어디 있나요?
Where is the lost-and-found?

어디에 두었는지 모르겠어요.
I don't know where I left it.

어디서 잃어버렸는지 기억이 안 나요.
I'm not sure where I lost it.

어디서 잃어버렸는지 생각이 안 나요.
I can't remember where I lost it.

어디에 두었는지 기억이 안 나요.
I don't remember where I put it.

제 가방이 없어졌어요.
My bag is missing.

가방을 도난당했어요.
My bag was stolen.

누가 제 가방을 가져갔어요.
Someone took my bag.

소매치기야!
Pickpocket!

소매치기 당했어요.
I had my pocket picked.

지갑을 소매치기 당했어요.
My wallet was taken by a pickpocket.

제 신용카드를 정지시켜 주세요.
Please cancel my credit card.

도난 신고를 하고 싶어요.
I want to report a theft.

어디에 신고해야 하나요?
Where should I report it?

한국 대사관이 어디죠?
Where is the Korean embassy?

찾는 걸 도와주실래요?
Can you help me find it?

찾으시면 저에게 연락해 주세요.
Please call me when you find it.

어디서 찾으셨어요?
Where did you find it?